EL VERDADERO DISCIPULADO

editorial clie

William MacDonald

EDITORIAL CLIE
Ferrocarril, 8
08232 VILADECAVALLAS (Barcelona)
E-mail: libros@clie.es
http://www.clie.es

EL VERDADERO DISCIPULADO
William MacDonald

Traducido por Pedro Vega.
Revisado y actualizado por Carlos Tomás Knott en 2004,
con permiso del autor.

ISBN: 978-84-8267-453-7

Clasifíquese:
585 EDUCACIÓN CRISTIANA:
Discipulado
C.T.C. 02-08-0585-37

Referencia: 224594

ÍNDICE

PRESENTACIÓN

Este librito representa un esfuerzo por sentar ciertos principios sobre el discipulado cristiano que aparece en el Nuevo Testamento. Por años hemos tenido conocimiento de la existencia de tales principios en la Palabra, pero de algún modo llegamos a la conclusión de ser extremos e impracticables en la complicada época en que vivimos Así fue como nos rendimos al frío de nuestro medio ambiente espiritual.

Hace algún tiempo conocimos un grupo de jóvenes creyentes que se lanzó a demostrar que las condiciones del Salvador son altamente prácticas y que son las únicas que pueden conducir a la evangelización del mundo.

Reconocemos nuestra deuda a estos jóvenes por proveer ejemplos vivos de las diversas verdades aquí presentadas.

Si la lectura de este libro pudiera despertar inquietud en las conciencias cristianas acerca del verdadero discipulado habremos logrado la aspiración de nuestro corazón.

William MacDonald

INTRODUCCIÓN

La senda del verdadero discipulado se halla cuando uno nace de nuevo. Comienza cuando suceden los siguientes hechos:

1) La persona se da cuenta que es pecadora perdida, ciega, y desnuda delante de Dios.

2) Reconoce que no puede salvarse por su buen carácter ni por sus obras meritorias.

3) Cree que Jesucristo murió como su substituto en la cruz.

4) Por un acto definido de fe reconoce a Jesucristo como su Señor y único Salvador.

Así es como una persona llega a ser cristiana. Es importante poner este énfasis desde el principio. Hay demasiadas personas que piensan llegar a ser cristianas viviendo una vida cristiana. Pero es necesario llegar a ser cristiano en primer lugar, para luego vivir la vida cristiana.

El discipulado bosquejado en las páginas siguientes es una vida sobrenatural. Dentro de nosotros mismos no tenemos poder para vivirla. Necesitamos el poder de Dios Es solamente cuando hemos nacido de nuevo que podemos recibir la fuerza para poder vivir como el Señor Jesús enseñó.

No prosiga la lectura de este libro sin formularse estas preguntas: ¿He nacido de nuevo? ¿Soy ya un hijo de Dios por fe en Jesucristo?

Si su respuesta es negativa, debe arrepentirse de su pecado ahora mismo y recibir a Jesucristo como su Señor y Salvador. Enseguida dispóngase a obedecerle en todo lo que Él ha mandado, cueste lo que cueste.

Capítulo 1
LAS CONDICIONES DEL DISCIPULADO

El verdadero cristianismo consiste en una entrega absoluta al Señor Jesucristo. El Salvador no está buscando personas que le dediquen sus tardes libres, sus fines de semana o sus años de jubilados. Él busca personas dispuestas a darle el primer lugar en su vida.

"Él busca, y siempre ha sido así, no multitudes que van a la deriva y sin propósito en su senda, sino hombres y mujeres que individual y espontáneamente se consagran a Su servicio por haber reconocido que Él quiere a personas dispuestas a seguir en el sendero de la negación personal por el que el caminó primero".[1]

La única respuesta adecuada al sacrificio de Cristo en el Calvario es la rendición incondicional a Él. El amor Divino tan maravilloso no puede ser satisfecho con algo menos que la entrega de nuestra vida, nuestra alma, nuestro todo.

El Señor Jesús planteó exigencias rigurosas a los que iban a ser sus discípulos, demandas que han sido totalmente olvidadas en estos días de vida materialista. Con mucha frecuencia consideramos el cristianismo como un escape del infierno y una garantía del cielo. Aún más, pensamos que tenemos perfecto derecho a disfrutar de lo mejor de esta vida. Sabemos que en la Biblia hay muchos versículos que hablan fuerte acerca del discipulado, pero nos parece difícil conciliarlos con nuestras ideas acerca de lo que debe ser el cristianismo.

Aceptamos que los soldados entreguen sus vidas por razones patrióticas. No nos extraña que los hombres pongan su vida por ideologías políticas. Pero que la característica de la vida de un seguidor de Cristo sea "sangre, sudor y llanto", nos parece remoto y difícil de asimilar. Sin embargo, las palabras del Señor Jesús, son bastante claras. No hay el más mínimo lugar para malinterpretarlas si las aceptamos en su verdadero valor. Estas son las condiciones del discipulado tal como las dio el Salvador del mundo:

1. UN AMOR SUPREMO POR JESUCRISTO.

Si alguno viene a mí y no aborrece a su padre, y a su madre, y mujer, e hijos, y hermanos, y aún también su vida, no puede ser mi discípulo (Lc. 14:26).

Esto no quiere decir que debamos tener indisposición o mala voluntad en nuestro corazón hacia nuestros familiares, sino que nuestro amor a Cristo debe ser tan denotado que en comparación, todos los demás afectos parezcan odio. En realidad la parte más difícil de este pasaje es la expresión "y aún su propia vida". El amor propio es uno de los obstáculos más persistentes para el discipulado. Mientras no estemos dispuestos a ofrecer voluntariamente nuestra vida a disposición de Cristo, no estaremos en el lugar donde Él desea que estemos.

2. UNA NEGACIÓN DEL YO.

"Si alguno quiere venir en pos de mí, niéguese a sí mismo…" La negación del Yo no es lo mismo que la abnegación. Esto último significa privarse de algunas comidas, placeres o posesiones. La negación del Yo es una sumisión tan completa al señorío de Cristo, que el Yo no tiene derechos ni autoridad alguna. Significa que el Yo abdica del trono. Henry Martin lo expresa así: "Señor, no permitas que tenga voluntad propia ni considere que mi felicidad depende en lo más mínimo de las cosas que pueden sucederme exteriormente, sino que descanse completamente en tu voluntad".

3. ELECCIÓN DELIBERADA DE LA CRUZ.

"Si alguno quiere venir en pos de mí, niéguese a sí mismo y tome su cruz" (Mt. 16:24). Tomar la cruz no se refiere a una enfermedad física o angustia mental, puesto que estas cosas son comunes a todos los hombres. La cruz es una senda escogida deliberadamente. Es "un camino que tal como el mundo lo considera es una deshonra y un reproche".

La cruz es el emblema de la persecución, la vergüenza y el abuso que el mundo cargó sobre el Hijo de Dios y que el mundo cargará sobre todos aquellos que elijan ir contra la corriente. Cualquier creyente puede evitar la cruz conformándose a este mundo y a sus caminos.

Glorioso, victorioso, Príncipe divino,
Toma en las Tuyas mis manos rendidas,
Al final mi voluntad es sólo la Tuya,
Vasallo feliz del trono del Salvador. – H.G.C. Moule

4. UNA VIDA INVERTIDA EN CRISTO.

"Si alguno quiere venir en pos de mí, niéguese a sí mismo, y tome su cruz, y sígame". Para comprender lo que esto significa conviene preguntarse: ¿Cuál fue la principal característica de la vida del Señor Jesús? Fue una vida de obediencia a la voluntad de Dios, una vida de servicio desinteresado a los demás, una vida de paciencia y tolerancia ante los más graves errores. Fue una vida llena de celo y desgaste, templanza, mansedumbre, bondad, fidelidad y devoción. Para ser sus discípulos debemos andar como Él anduvo. Debemos mostrar fruto de nuestra semejanza con Cristo (Jn. 15:8).

5. UN AMOR FERVIENTE POR TODOS LOS QUE PERTENECEN A CRISTO.

"En esto conocerán todos que sois mis discípulos, si tuviereis amor los unos con los otros" (Jn. 13:35). Este es el amor que considera a los demás como mejores que uno mismo. Este es el amor que cubre multitud de pecados. Este es el amor que es sufrido y es benigno; no es jactancioso, no se envanece, no es injurioso, no busca lo suyo, no se irrita, no guarda rencor, todo lo sufre, todo lo cree, todo lo espera y todo lo soporta (1 Co. 13:4-7). Sin este amor el discipulado sería un ascetismo frío y legalista. Sería un címbalo que retiñe.

6. Permanencia continúa en su Palabra.

"Si vosotros permaneciereis en mi palabra, seréis verdaderamente mis discípulos" (Jn. 8:31). El verdadero discipulado se caracteriza por la estabilidad. Es fácil empezar bien y lanzarse adelante en un deslumbramiento de gloria. Pero la prueba de la realidad del discipulado es la resistencia hasta el fin. "Ninguno que poniendo su mano en el arado mira hacia atrás, es apto para el reino de Dios" (Lc. 9:62). La obediencia ocasional a las Escrituras no sirve. Cristo desea que los que le siguen lo hagan obedeciendo en forma constante y continuada.

No permitas, ¡oh Padre! que vuelva atrás,
Mis lágrimas ya mojan las asas de mi arado,
Mis otras herramientas corruptas he dejado;
No permitas, Dios Padre, que vuelva atrás. – Autor desconocido

7. Rechazo de todo por seguir a Cristo.

"Así pues, cualquiera de vosotros que no renuncia a todo lo que posee, no puede ser mi discípulo" (Lc. 14:33). Esta es, tal vez, la menos apreciada de las condiciones de Cristo para el discipulado, y se podría probar que es el texto menos apreciado de la Biblia. Los teólogos y entendidos pueden dar mil razones para probar que el versículo no quiere decir lo que parece decir, pero los discípulos sencillos lo reciben con ardor, aceptando que el Señor Jesús sabía lo que quería decir. ¿Qué quiso decir con renunciar a todo? Significa el abandono de todas las posesiones materiales que no nos sean absolutamente necesarias y que se puedan usar en la extensión del Evangelio.

El que renuncia a todo no se convierte en un despreocupado holgazán. Trabaja arduamente para proveer a las necesidades comunes de su familia y de sí mismo. Pero, como el fin de su vida es extender la obra de Cristo, invierte en el trabajo del Señor todo lo que sobrepase sus inmediatas necesidades y deja el futuro en las manos de Dios. Buscando primeramente el reino de Dios y su justicia, él cree que nunca le faltará nada, ni comida, ni vestido. Él no puede poner su confianza en dinero ahorrado cuando hay almas que están pereciendo por falta del Evangelio. No quiere malgastar su vida acumulando riquezas que caerán en manos del diablo cuando Cristo regrese por sus santos. Desea obedecer el precepto del Señor en contra del guardar tesoros en la tierra. Renunciando a todo, dice con David Livingstone: "¡Qué pena que no tenga más que dar!"

Entonces tenemos que estas son las siete condiciones del discipulado cristiano. El que esto escribe comprende que al señalarlas se condena a sí mismo como siervo inútil que es. Pero, ¿se suprimirá la verdad de Dios por la incompetencia de Su pueblo? ¿No es verdad que el mensaje es más grande que el mensajero? ¿No es más correcto que Dios permanezca como un ser veraz y todo hombre sea considerado mentiroso? ¿No diremos como aquel anciano, siervo fiel del Señor: "Haz tu voluntad, aun cuando para ello tengas que quebrantarme"?

Cuando hayamos confesado nuestro fracaso pasado, enfrentemos decididamente lo que Cristo pretende de nosotros y procuremos ser verdaderos discípulos de nuestro glorioso Señor.

Maestro mío, llévame hasta tu puerta, para que perfores mi oído, que voluntario te entrego.

Tus prisiones son mi libertad; déjame quedar contigo, para sufrir, soportar y obedecerte. – H. G. C. Moule.

Capítulo 2
RENUNCIANDO A TODO

"Así pues, cualquiera de vosotros que no renuncia a todo lo que posee, no puede ser mi discípulo" (Lc. 14:33).

Para ser discípulo del Señor Jesús, hay que renunciar a todo. Este es el sentido inequívoco de las palabras del Señor. No importa cuantas objeciones pongamos a tan extrema demanda ni cuanto nos rebelemos ante regla tan imposible e imprudente. Prevalece el hecho de que esta es la Palabra del Señor y que quiere decir exactamente lo que dice.

Desde el comienzo debemos enfrentar las siguientes verdades inmutables:

a) Jesús no hace esta demanda a una cierta clase selecta de obreros cristianos. Dice: "Cualquiera de vosotros..."

b) Él no dijo que debemos estar dispuestos a renunciar a todo en forma voluntaria. Dijo: "Cualquiera de vosotros que no renuncia.

c) No dijo que debemos renunciar solamente a una parte de nuestros bienes. Dijo: "Cualquiera de vosotros que no renuncia a todo lo que posee..."

d) Él no dijo que hubiera una forma diluida de discipulado que permitiera al hombre conservar sus posesiones. Jesús dijo: "...no puede ser mi discípulo".

Realmente no debería sorprendernos esta demanda tan absoluta como si fuera la única sugestión de este tipo en la Biblia.

¿No dijo Jesús: No os hagáis tesoros en la tierra, donde la polilla y el orín corrompen, y donde ladrones minan y hurtan: mas haceos tesoros en los cielos..."? Muy acertadamente Wesley afirmó: "hacerse tesoros en la tierra está tan claramente prohibido por nuestro Señor como el adulterio y el asesinato".

¿No dijo Jesús: "Vended lo que poseéis y dad limosnas" (Lc. 12:33)? ¿No instruyó al joven rico diciéndole: "...vende todo lo que tienes y dalo a los pobres y tendrás tesoro en el cielo; y ven, sígueme?" (Lc. 18: 22). Si no quería decir lo que dijo, qué quería decir entonces?

¿No es verdad, acaso, que los creyentes de la Iglesia primitiva "vendían sus propiedades, sus bienes y lo repartían a todos según la necesidad de cada uno"? (Hch. 2:45)

Y a través de los años ¿no es un hecho que muchos de los santos de Dios han renunciado a todo por seguir a Cristo?

Anthony N. Groves y su esposa que fueron misioneros en Bagdad se convencieron que tenían que dejar de hacer tesoros en la tierra, y que debían dedicar la totalidad de una importante fortuna al servicio del Señor[2]. Sus convicciones sobre este asunto fueron expuestos en su libro: **Devoción Cristiana**[3].

C. T. Studd "decidió dar toda su fortuna a Cristo aprovechando la dorada oportunidad que se le ofrecía de hacer lo que el joven rico no pudo hacer... Era un simple acto de obediencia a las declaraciones claras de la Palabra de Dios[4]". Después de distribuir miles de libras esterlinas en la obra del Señor, reservó el equivalente de 9.588 dólares para su esposa". Pero ella no fue menos que su marido:

– "Carlos" –le preguntó– "¿Qué le dijo el Señor al joven rico que hiciera? – "Vende todo" le contestó.

– "Entonces comenzaremos bien con el Señor desde nuestra boda". Y el dinero fue a dar a las misiones cristianas.

El mismo espíritu de dedicación animaba a Jim Elliot. En su diario escribió:

"Padre hazme débil para que pueda desligarme de lo temporal. Mi vida, mi reputación, mis posesiones; haz que mi mano las suelte,

Señor. Aún, Padre, quisiera desligarme del deseo de ser mimado". ¡Cuántas veces he dejado de abrir mi mano por retener solamente lo que he considerado un deseo inofensivo, por aquel ápice de mimosidad! Más bien, hazme abrir mi mano para recibir el clavo del Calvario, como Cristo la abrió, para que yo, soltándolo todo, pueda ser libertado, desatado de todo lo que ahora me tiene atado. Él consideró el cielo, sí, la igualdad con Dios, como cosa a la que no debía aferrarse. Así, haz que me desligue de lo que tengo tomado".ᵛ

Nuestro corazón infiel nos dice que es imposible tomar literalmente las palabras de nuestro Señor. "Si renunciáramos a todo, nos moriríamos de hambre". "Después de todo, debemos hacer provisión para nuestro futuro y el de nuestros queridos". "Si todos los cristianos renunciaran a todo, ¿quién financiaría la obra del Señor? "Y si no hubiera cristianos ricos, ¿cómo podríamos alcanzar con el Evangelio a la gente de las clases altas? "Y así van apareciendo los argumentos en rápida sucesión, todos para probar que Jesús dijo algo que significa una cosa diferente de lo que dio a entender.

Es un hecho comprobado que la obediencia al mandato del Señor es la forma de vida más sana y razonable y la que produce un mayor gozo. La Escritura y la experiencia testifican que ninguno de los que han vivido sacrificándose por Cristo ha padecido necesidad, y será así también con los que lo hagan en el futuro. Cuando el hombre obedece a Dios, el Señor lo toma bajo su cuidado.

El hombre que deja todo por seguir a Cristo no es un pobre inútil que espera que los demás cristianos le sostengan:

Primero, es *industrioso*. Trabaja diligentemente para proveer a las necesidades mínimas de su familia y las suyas propias.

Segundo, es *frugal*. Vive en la forma más económica posible para que todo lo que quede después de satisfacer sus necesidades inmediatas pueda ser usado en la obra del Señor.

Tercero, es *previsor*. En vez de acumular tesoros en la tierra, los deposita en el cielo.

Cuarto, *confía en Dios respecto a su futuro*. En vez de dar lo mejor de su vida tratando de formar vastas reservas para la vejez, da lo mejor de sí para el servicio de Cristo confiando en Él para la provisión futura. Cree que si busca primeramente el reino de Dios y su justicia, jamás pasará necesidad de alimento y vestido (Mt. 6:33). *Le es irrazonable acumular riquezas por si acaso.* Su argumento es el siguiente:

1. ¿Cómo podemos acumular y guardar fondos extras en forma consciente cuando ese dinero podría usarse inmediatamente para la salvación de almas? "El que tiene bienes de este mundo y ve a su hermano tener necesidad, y cierra contra él su corazón, ¿cómo mora el amor de Dios en él? (1 Jn. 3:17).

"Una vez más consideremos el importante mandamiento: amarás a tu prójimo como a ti mismo" (Lv. 19:18). ¿Podemos, con verdad, decir que amamos a nuestro prójimo como a nosotros mismos, cuando les dejamos pasar hambre mientras nosotros tenemos más que suficiente y de sobra? Le preguntaría a cualquiera que haya experimentado el gozo del conocimiento del don inefable de Dios: "Cambiaría usted este conocimiento... por la posesión de cien mundos?" Entonces no retengamos los medios por los cuales otros pueden obtener este conocimiento santificador y la consolación celestial".[vi]

2. Si creemos realmente que la venida de Cristo es inminente, desearemos usar nuestro dinero inmediatamente. De otro modo correremos el riesgo que caiga en las manos del diablo, dinero que debería haberse usado para bendición eterna.

3. ¿Cómo podemos orar a conciencia que el Señor provea el dinero necesario para la obra cuando nosotros mismos tenemos dinero que no queremos usar en dicha empresa? El dejarlo todo por Cristo nos libra de la oración hipócrita.

4. ¿Cómo podemos enseñar todo el consejo de Dios cuando hay ciertos sectores de la verdad, como el que estamos considerando, que no hemos obedecido? En tal caso nuestra manera de vivir debería sellar nuestros labios.

5. El hombre inteligente de este mundo hace abundantes reservas para su futuro. Pero esto es no caminar por fe, sino por la vista. El cristiano ha sido llamado a una vida de dependencia de Dios. Si hace tesoros en la tierra, ¿en qué difiere del mundo y su manera de vivir?

Con frecuencia se nos argumenta que debemos proveer para las necesidades futuras de nuestra familia; de otro modo somos peores que los incrédulos. Apoyan este punto de vista con dos textos: "...no deben atesorar los hijos para los padres, sino los padres para los hijos" (2 Co. 12:14). "Porque si alguno no provee para los suyos, y mayormente para los de su casa, ha negado la fe y es peor que un incrédulo" (1 Ti. 5:8).

Un estudio cuidadoso de estos textos mostrará que se refiere a las *necesidades cotidianas* y no a las *contingencias futuras*. En el primero de estos versículos Pablo está usando la ironía. Él es el padre y los corintios son sus hijos. Él no los carga económicamente, aunque tiene derecho a ello por ser siervo de Dios. Después de todo, él es su padre en la fe y los padres ordinariamente proveen para los hijos y no los hijos para los padres. Aquí no se trata de la provisión de los padres para el futuro de sus hijos. Todo el pasaje tiene que ver con la provisión para las necesidades presentes del apóstol Pablo y no con la provisión para sus posibles necesidades futuras.

En 1 Timoteo 5:8 el apóstol está discutiendo del cuidado a las viudas pobres. Insiste que sus parientes deben cuidarlas. Si no tienen familia, o si ella las descuida, entonces la iglesia local debe cuidar de la viuda cristiana. Pero una vez más se refiere a necesidades presentes y no a las futuras.

El ideal de Dios es que los miembros del cuerpo de Cristo se preocupen por las necesidades inmediatas de sus hermanos en la fe.

Hay que compartir equitativamente... "Para que en este tiempo con igualdad, la abundancia vuestra supla la escasez de ellos, para que también la abundancia de ellos supla la necesidad vuestra, para que haya igualdad, como está escrito: El que recogió mucho, no tuvo más, y el que poco, no tuvo menos" (2 Co. 8:14-15).

El cristiano que piensa que debe hacer provisiones para necesidades futuras enfrenta el difícil problema de determinar cuanto necesitará. En consecuencia gasta su vida en tratar de adquirir una fortuna de monto indefinido, perdiendo el privilegio de dar lo mejor al Señor Jesucristo. Llega al final de una vida derrochada y descubre que después de todo, si hubiera vivido de todo corazón para el Salvador, todo lo necesario habría sido provisto oportunamente.

Si todos los cristianos tomaran literalmente las palabras de Jesús, la obra del Señor no carecería de fondos. El Evangelio sería proclamado con mayor poder y en menor tiempo. Si algún discípulo estuviera en necesidad, sería el gozo y privilegio de los demás dar de lo que ellos pudieran tener.

Sugerir que debe haber cristianos ricos para alcanzar a los ricos del mundo es un absurdo. Pablo alcanzó a la casa de César siendo un prisionero suyo (Fil. 4:22). Si obedecemos a Dios podemos confiar en que Él se encargará de los detalles. En esto toda discusión debería terminar en el ejemplo que Jesús dejó. El esclavo no es mayor que su señor. Como dijera Jorge Muller: "No le conviene al siervo procurar riquezas, grandeza y honra en este mundo donde su Señor fue pobre, humilde y despreciado".

Anthony N. Groves escribió:

"Los sufrimientos de Cristo incluían la pobreza (2 Co. 8:9). Por supuesto, la pobreza no se demuestra por harapos y suciedad, sino por la falta de reservas y de los medios para darse lujos. Andrew Murray dice que el Señor y sus apóstoles no podrían haber realizado la obra que hicieron de no haber sido realmente pobres. El que va a levantar a otros necesita descender, como el buen samaritano, y la inmensa mayoría de la humanidad ha sido y es pobre".[vii]

La gente reclama que hay ciertas posesiones que son indispensables para el hogar. Es cierto.

La gente razona que los hombres de negocios que son cristianos necesitan un capital para realizar sus negocios. Es cierto.

Otros argumentan que hay otras posesiones materiales que pueden ser usadas para gloria de Dios, por ejemplo, un automóvil. También es cierto.

Pero más allá de estas necesidades legítimas, el cristiano debería vivir en forma frugal y sacrificada para que el Evangelio sea difundido. Como Anthony N. Groves, su lema debería ser: "Trabaja mucho, consume poco, da mucho, y todo para Cristo".[viii]

Cada uno de nosotros es responsable ante Dios por lo que significa dejarlo todo. Un creyente no puede dictar normas para el otro; cada persona debe actuar como resultado de su propio ejercicio delante de Dios. Es un asunto estrictamente personal.

RENUNCIANDO A TODO

Si como resultado de tal ejercicio, el Señor guía a un creyente a un grado de devoción hasta el momento desconocido, no debe, ser ello motivo de orgullo personal. Los sacrificios que hagamos no son en ninguna manera sacrificios cuando los examinamos a la luz del Calvario. Además de esto, damos al Señor solamente aquello que ya no podemos retener y que hemos dejado de amar.

Capítulo 3
IMPEDIMENTOS AL DISCIPULADO

Cualquiera que se propone seguir a Cristo puede estar seguro que se le brindarán maneras de eludir la responsabilidad. Se le concederán innumerables oportunidades para devolverse. Oirá voces que le llaman ofreciéndose para restarle algunas pulgadas a su cruz.

Doce legiones de ángeles estarán listas para sacarle del camino de la abnegación y el sacrificio.

Esto lo ilustra en forma notable el relato de los tres discípulos en perspectiva que permitieron que otras voces tomaran el primer lugar en vez de obedecer la voz de Cristo.

"Yendo ellos, uno le dijo en el camino: Señor, te seguiré adondequiera que vayas. Y le dijo Jesús: Las zorras tienen guaridas, y las aves de los cielos nidos; mas el Hijo del Hombre no tiene dónde recostar la cabeza. Y dijo a otro: Sígueme. Él le dijo: Señor, déjame que primero vaya y entierra a mi padre. Jesús le dijo: Deja que los muertos entierren a sus muertos; y tú ve, y anuncia el reino de Dios. Entonces también dijo otro: Te seguiré, Señor; pero déjame que me despida primero de los que están en mi casa. Y Jesús le dijo: Ninguno que poniendo su mano en el arado mira hacia atrás, es apto para el reino de Dios" (Lc. 9:57-62).

Tres personajes anónimos se acercaron al Señor Jesús. Sintieron un impulso interno de seguirle. Pero permitieron que algo se interpusiera entre sus almas y la completa dedicación al Señor.

SEÑOR APRESURADO.

El primer hombre ha sido llamado Señor Apresurado. Se ofreció entusiastamente para seguir al Señor "adonde quiera que vayas". Ningún costo sería demasiado alto. Ninguna cruz le sería demasiado pesada. Ningún camino sería demasiado escarpado.

A primera vista parece que la respuesta de Jesús no tenía conexión con la oferta espontánea del Señor Apresurado. Jesús le dijo: "Las zorras tienen guaridas y las aves de los cielos nidos, mas el Hijo del hombre no tiene dónde recostar su cabeza". Realmente fue una respuesta muy adecuada. Fue como si hubiera dicho: "Dices que estás dispuesto a seguirme a todo lugar, pero ¿estás dispuesto a hacerlo sin las comodidades materiales de esta vida? Las zorras tienen más comodidades que yo. Los pájaros tienen sus nidos que pueden decir es su nido. Pero yo vago sin hogar en este mundo que mis manos formaron. ¿Quieres sacrificar la seguridad de un hogar para seguirme? ¿Quieres renunciar a las comodidades legítimas de esta vida con el fin de servirme devotamente?

Es claro que el hombre no estaba dispuesto, porque, no oímos más de él en las Sagradas Escrituras. Su amor por lo terrenal fue mayor que su dedicación a Cristo.

SEÑOR TARDÍO.

El segundo hombre ha sido llamado Señor Tardío. No se ofreció en forma voluntaria como el Señor Apresurado. Más bien el Salvador le llamó a que le siguiera. Su respuesta no fue un rechazo de plano. Él no estaba desinteresado en el Señor. La realidad es que quería hacer algo primero. Ese era su gran pecado. Puso sus pretensiones por sobre las demandas del Señor. Notemos su respuesta: "Señor déjame que primero vaya y entierre a mi padre".

Ahora bien, es perfectamente legítimo que un hijo muestre un respeto natural por sus padres. Y si su padre ha muerto es ciertamente una obligación del cristiano darle una sepultura decente.

Pero, las cortesías legítimas de la vida llegan a ser pecaminosas cuando se anteponen a los intereses del Señor Jesús. La verdadera ambición de este hombre queda expresada en su clara petición: "Señor...primero..." El resto de las palabras eran un mero disfraz del deseo de su corazón de poner primero su yo. Evidentemente no se dio cuenta que las palabras: "Señor...yo primero..." son un absurdo moral y una imposibilidad. Si Cristo es el Señor, entonces Él debe ser primero. Si el pronombre personal "yo" está sobre el trono entonces ya no es Cristo quien manda.

El Señor Tardío tenía algo que hacer y permitió que eso tomara el primer lugar. Por lo tanto fue correcto que Jesús le dijera: "Deja que los muertos entierren a sus muertos; tú ve y anuncia el reino de Dios". Podríamos parafrasear sus palabras de la siguiente manera: "Hay cosas que los muertos espirituales pueden hacer como los creyentes. Pero hay otras cosas que solamente un creyente puede hacer. Cuida de no pasar tu vida haciendo las cosas que el no creyente puede hacer tan bien como tú. Deja que los muertos espirituales entierren a los muertos físicos. Pero a ti te necesito. Que el principal impulso de tu vida sea el progreso de mi causa sobre la tierra".

Parece que el precio era demasiado alto para el Señor Tardío. Sale en anónimo silencio del escenario del tiempo. Si el primer hombre ilustraba las comodidades temporales como uno de los impedimentos para el discipulado, el segundo nos habla de una actividad o un trabajo que ocupa un lugar preferente con respecto a la principal razón de existir del cristiano.

No hay nada de malo en un empleo secular. Es la voluntad de Dios que el hombre trabaje para proveer lo necesario para sí y su familia. Pero la vida del verdadero discipulado exige que el reino de Dios y Su justicia se busquen en primer lugar; que un creyente no pase su vida haciendo lo que el incrédulo podría hacer tan bien o mejor que él, y que la función del trabajo es solamente proveer para las necesidades normales de la vida, siendo la principal vocación del cristiano anunciar el reino de Dios.

Señor Liviano.

El tercer hombre ha sido llamado Señor Liviano. A semejanza del primer hombre se ofreció voluntariamente para seguir a Cristo. Pero también a semejanza del segundo usó las contradictorias palabras "Señor...yo primero..." Dijo: "Te seguiré Señor; pero déjame que me despida primero de los que están en mi casa".

Una vez más debemos admitir que tomada aisladamente esta petición no tiene nada de malo. No es de ninguna manera contrario a las leyes de Dios demostrar un cariñoso interés por los familiares u observar los modales y las reglas de cortesía cuando uno se aleja de ellos. Entonces ¿en qué falló este hombre? Fue en esto: dejó que los tiernos lazos de la naturaleza ocuparan el lugar que corresponde a Cristo.

Y así, con visión penetrante, el Señor Jesús, dijo: "Ninguno que poniendo su mano en el arado mira hacia atrás, es apto para el reino de Dios". En otras palabras, "Mis discípulos no son tan egocéntricos, ni de ideas tan volubles como tú has demostrado ser. Yo necesito personas que quieran renunciar a los lazos familiares, que no sean distraídos por parientes sentimentales, discípulos que me pongan por sobre cualquier otra persona en su vida".

Concluimos forzosamente que el Señor Liviano dejó a Jesús y se alejó tristemente por el camino. Sus confiadísimas aspiraciones de ser un discípulo se hicieron mil pedazos al chocar con la roca de los lazos familiares. Quizás era una madre llorosa la que le dijo lastimeramente: "Harías estallar el corazón de tu madre si me dejas para irte al campo misionero". No lo sabemos. Todo lo que sabemos es que la Biblia, misericordiosamente, omite el nombre de este pusilánime que volviendo atrás, perdió la mayor oportunidad de su vida y se ganó el epitafio de "No apto para el reino de Dios".

Resumen

Entonces tenemos que estos son tres de los impedimentos básicos para el discipulado, ilustrados por tres hombres que no quisieron seguir las exigencias del camino de Cristo:

IMPEDIMENTOS AL DISCIPULADO

Al Señor Apresurado: El amor por las comodidades terrenales.
Al Señor Tardío: La precedencia de un trabajo u ocupación.
Al Señor Liviano: La prioridad de los lazos familiares.

El Señor Jesús siempre ha llamado y aún llama hombres y mujeres que le sigan heroica y sacrificadamente dejando todo. Las vías de escape aún se presentan diciendo con palabras tentadoras "¡Cuídate! ¡Esto no es para ti!" Pocos están dispuestos a responder.

Jesús, he tomado mi cruz
Por seguirte todo he dejado
Jesús, he tomado mi cruz
Por seguirte todo he dejado
Desnudo, pobre, despreciado,
Desde ahora mi todo eres Tú.
Perecido ha toda ambición,
Lo que buscaba y anhelaba,
Pues riquezas que no esperaba,
Dios y el cielo, son mi posesión.

Que el mundo me deje y desprecie,
Lo hicieron con mi Salvador.
El engañoso corazón
Contra mí su ataque arrecie
Más de Dios, la ciencia y poder
En medio de mi lucha tenaz,
Vence al Enemigo, a Satanás,
Y Su gozo inunda mi ser.

Capítulo 4
LOS DISCÍPULOS SON MAYORDOMOS

Leer Lucas 16: 1-13

La parábola del mayordomo injusto fue presentada a los discípulos. En ella el Salvador sienta principios aplicables a los discípulos de todos los tiempos. Después de todo, los discípulos de Cristo son esencialmente mayordomos, a quienes se ha confiado el cuidado de Sus pertenencias e intereses sobre la tierra.

Esta parábola está rodeada de dificultades. Aparentemente recomienda la deshonestidad y los negocios ilícitos. Pero cuando se entiende con la debida luz, la encontramos saturada de enseñanzas de gran importancia.

En resumen, la historia es ésta: Un rico propietario encargó sus negocios a un empleado. Pasado mucho tiempo el amo supo que su empleado estaba despilfarrando su dinero. Inmediatamente le pidió una rendición de cuentas y le informó que quedaba despedido.

El empleado comprendió que su futuro era lúgubre Era demasiado viejo para hacer trabajo físico pesado y le daba vergüenza mendigar. Entonces encontró un sistema que le aseguraría tener amigos en los días venideros. Fue donde uno de los deudores de su amo y le preguntó: "¿Cuánto le debes a mi jefe?" La respuesta fue: "Tres mil trescientos setenta y cinco litros de aceite". "Bien", dijo el empleado, "paga la mitad y demos la cuenta por liquidada". Fue a otro de los deudores y le preguntó: "¿Cuánto debes?" El deudor contestó: "Treinta y dos mil kilos de trigo". "Bien, entonces paga veinticinco mil y demos por cancelada la cuenta".

Aún más molesto que la acción del empleado deshonesto es el comentario que sigue:

"Y alabó el amo al mayordomo malo por haber hecho sagazmente; porque los hijos de este siglo son más sagaces en el trato con sus semejantes que los hijos de luz" (Lc. 16:8).

¿Cómo hemos de entender esta aparente aprobación de prácticas deshonestas en los negocios?

Una cosa es cierta. Ni su señor, ni nuestro Señor aprobaron sus prácticas sinuosas.

Fue por esto mismo que lo destituyeron. Ninguna persona justa aprobaría el fraude y la infidelidad. Cualquiera que sea la enseñanza de la parábola, no sugiere que el desfalco sea justificado.

Hay solamente una cosa por la que se alaba al siervo injusto y es que haya planeado su futuro. Dio los pasos necesarios para asegurarse que tendría amigos después que hubiera cesado en su mayordomía. Él actuó para el "**después**" en cambio de satisfacer su sola necesidad inmediata.

Este es el punto central de la parábola. La gente del mundo toma estrictas medidas a fin de proveer para los días venideros. Del único futuro que se preocupan es el de su vejez y sus años de jubilación. Por ello trabajan diligentemente para asegurarse una situación cómoda cuando ya no sean capaces de trabajar en forma provechosa. Nada olvidan en su búsqueda de la seguridad social.

En este aspecto los no creyentes son más sabios que los cristianos. Sin embargo para entender el por qué, debemos entender que el futuro del cristiano no está en la tierra sino en el cielo. Este es el punto crucial. El futuro para quien no es cristiano es el tiempo entre el ahora y la tumba. Para los hijos de Dios es la eternidad con Cristo.

La parábola enseña entonces, que el no regenerado es más sabio y precavido en sus preparativos para su futuro en la tierra que el creyente lo es en su preparación para el cielo.

LOS DISCÍPULOS SON MAYORDOMOS

Con esto en mente el Señor Jesús presenta la enseñanza práctica:
"Y yo os digo: Ganad amigos por medio de las riquezas injustas, para cuando éstas falten, os reciban en las moradas eternas" (Lc. 16:9). Las riquezas injustas son el dinero y las demás posesiones materiales. Estas cosas podemos usarlas en ganar almas para Cristo. Las personas que nosotros ganamos por el adecuado uso de nuestro dinero aquí son llamados amigos. Viene un día cuando faltaremos (ya sea por la muerte o por haber sido llevados al cielo por Cristo en el arrebatamiento). Los amigos ganados por el correcto uso de nuestras posesiones materiales servirán entonces como un comité de bienvenida para recibirnos en las moradas eternas.

Esta es la manera como los fieles mayordomos planean para el futuro, no gastando su corta vida en la búsqueda estéril de seguridad en la tierra, sino en un apasionado esfuerzo por verse rodeado en el cielo por amigos que fueron ganados para Cristo a través de su dinero. Dinero que fue transformado en Biblias, Testamentos, porciones, tratados y otra literatura cristiana. Dinero que fue usado para sostener misioneros y otros obreros cristianos. Dinero que ayudó a financiar programas radiales y otras dignas actividades cristianas. En suma dinero que fue usado para esparcir el evangelio por cualquier método. "La única manera en que podemos depositar nuestros tesoros en el cielo es invirtiéndolo en algo que va a ir al cielo".

Cuando el cristiano ve que sus posesiones materiales pueden ser invertidas en la salvación de preciosas almas, pierde su amor por las cosas. El lujo, la riqueza y el esplendor material le resultan baladíes. El ahora anhela ver que las riquezas injustas por obra de la alquimia divina se transformen en adoradores del Cordero por siempre jamás. Está cautivado por la posibilidad de realizar una obra en las vidas humanas que produzca gloria eterna a Dios y eterna bendición a las personas mismas. Siente algo de la sed de Rutherford:

¡Oh! si un alma de mi pueblo
Me encontrara a la diestra del Dios Alto
Mi cielo sería doblemente grato
Allá donde Emanuel es el Dueño.

Para Él todos los diamantes, rubíes y perlas, todos los depósitos en el banco, todas las pólizas de seguro todas las mansiones, yates y coches son riquezas injustas. Si se usan en nuestro beneficio, perecen con el uso, pero usadas para Cristo, rinden dividendos a través de toda la eternidad.

La forma en que tratamos con lo material es una prueba de nuestro carácter. El Señor lo enfatiza en el versículo 10:

"El que es fiel en lo muy poco, también en lo más es fiel; y el que en lo muy poco es injusto, también en lo más es injusto".

"Aquí lo muy poco es la mayordomía de lo material. Los que son fieles son aquellos que usan estas cosas para gloria de Dios y bendición de los demás. Los injustos son los que usan sus posesiones para la comodidad, el lujo y los placeres egoístas. Si no se puede confiar en un hombre en lo muy poco (lo material), ¿cómo se le puede confiar lo mucho (mayordomía de lo espiritual)? Si se es inconstante con las riquezas injustas, ¿cómo se podrá ser fiel como ministro de Cristo y dispensador de los misterios de Dios?" (1 Co. 4:1).

Luego el Salvador da un paso más en su argumento.

"Pues si en las riquezas injustas no fuisteis fieles, ¿quién os confiará lo verdadero?" (v. 11).

Las posesiones terrenales no son verdaderas riquezas; Su valor es finito y temporal. Los tesoros espirituales son las verdaderas riquezas. Su valor no se puede medir y jamás se acaba. El hombre que no es fiel en el manejo de los bienes materiales no puede esperar que Dios le conceda prosperidad espiritual en su vida o tesoros en los cielos.

Una vez más el Señor amplía su argumento diciendo:

"Y si en lo ajeno no fuisteis fieles, ¿quién os dará lo que es vuestro?" (v. 12).

Lo material no es nuestro. Pertenece a Dios. Todo lo que poseemos lo hemos recibido de Dios en mayordomía. Todo lo que podemos llamar nuestro, es el fruto de nuestro diligente estudio y servicio en esto, o la recompensa por haber sido fiel mayordomo en aquello. Si hemos demostrado ser incompetentes en el manejo de la propiedad de Dios, no podemos esperar el acceso a las verdades más profundas de la Palabra de Dios en esta vida o ser recompensados en la próxima.

Como clímax de su enseñanza, el Señor resume toda la parábola: en esta expresión:

"Ningún siervo puede servir a dos señores; porque o aborrecerá al uno y amará al otro, o estimará al uno y menospreciará al otro. No podéis servir a Dios y a las riquezas" (v. 13.)

No puede existir una lealtad dividida. El discípulo no puede vivir para dos mundos. El mayordomo o ama a Dios o ama a Mamón. Si ama a Mamón odia a Dios.

Y, recordémoslo bien, esto fue escrito a los discípulos, no a los que no conocen a Dios.

Capítulo 5
EL CELO

Es perdonable que un discípulo no tenga gran capacidad mental y no pueda exhibir habilidades físicas. Pero ningún discípulo puede ser excusado en su falta de celo. Si su corazón no arde con viva pasión por el Salvador, la condenación cae sobre él.

Después de todo los cristianos somos seguidores del que dijo: "El celo de tu casa me consumió" (Jn. 2:17). Su Salvador fue consumido por una ardiente pasión por Dios y por sus intereses. No hay lugar en sus senderos para discípulos tibios e indiferentes.

El Señor Jesús vivía en un estado de tensión espiritual. Así lo indican sus palabras: "De un bautismo tengo que ser bautizado, y ¡cómo me angustio hasta que se cumpla! (Lc. 12:50). También está su memorable declaración: "Me es necesario hacer las obras del que me envió, entre tanto que el día dura; la noche viene, cuando nadie puede trabajar. (Jn. 9:4).

El celo de Juan el bautista fue atestiguado por el Señor cuando dijo: "El era antorcha que ardía y alumbraba" (Jn. 5:35).

El apóstol Pablo era un celote. Alguien ha tratado de captar el fervor de su vida en el siguiente bosquejo:

"Era un hombre que no se preocupaba por ganar amigos. Sin interés ni deseo por los bienes mundanales, sin temor de pérdidas materiales, sin preocupación por la vida, sin temor por la muerte. Era un hombre sin rango, nación, ni condición. Era un hombre de un pensamiento: El Evangelio de Cristo. Hombre de un propósito: la gloria de Dios. Un necio, y contento de ser reconocido como necio por Cristo. Llámesele entusiasta, fanático, charlatán, estrambótico o cualquier otro nombre ridículo que el mundo quiera ponerle, pero que siga siendo raro. Si le llaman comerciante, jefe de casa, ciudadano, rico, mundano, erudito, o aún hombre con sentido común, todo cuadra con su carácter.

"Si no hablaba moría y aunque tuviera que morir, aún habla. No descansaba sino que extendía sus actividades por tierra y mar, lugares roqueños y desiertos arenosos. Clamaba en voz alta y no se medía para ello, ni nadie se lo podría impedir. En las prisiones elevaba su voz y en medio de las tempestades del mar no guardaba silencio. Testificaba de la verdad ante temibles concilios y delante del trono de reyes. Nada podía apagar su voz, sino la muerte, y aún ante la muerte, delante del cuchillo que habría de separar la cabeza de su cuerpo, él habló, oró, testificó, confesó, clamó a Dios, guerreó, y por último bendijo a la gente cruel".

Otros hombres de Dios han mostrado el mismo ardiente deseo de agradar a Dios.

C. T. Studd escribió una vez:

Algunos desean vivir al son
De la campana de la Iglesia.
Yo prefiero rescatar almas
Al lado del mismo infierno.

Y justamente fue un artículo escrito por un ateo que aguijoneó a Studd a consagrarse enteramente al Señor. Este era el artículo:

"Si yo creyera firmemente, como millones dicen creer, que el conocimiento y práctica de la religión en esta vida influye en el destino en la otra vida, entonces la religión sería para mí el todo. Desecharía los goces terrenales como si fueran escoria, las preocupaciones terrenas como locuras, los pensamientos y sentimientos terrenos como vanidad. La religión sería mi primer pensamiento al despertar y mi última visión al sumirme en la inconciencia del sueño. Trabajaría solamente en su causa. Mis pensamientos serían para el mañana de la eternidad solamente. Estimaría que un alma salvada para el cielo vale toda una vida de sufrimientos. Las consecuencias terrenales jamás detendrían mi mano, ni sellarían mis labios. El mundo, sus goces, sus penas, no tendrían lugar en mis pensamientos. Haría todo lo posible por mirar hacia la eternidad solamente, y a las almas inmortales como próximas a entrar a una eternidad de felicidad o a la miseria del sufrimiento eterno. Saldría al mundo y predicaría a tiempo y fuera de tiempo y mi texto sería: "¿Qué aprovecha al hombre si granjeare a todo el mundo y pierde su alma?"[ix]

Juan Wesley fue un hombre de celo vivo. Dijo: "Dadme cien hombres que amen a Dios con todo su corazón, que no teman sino al pecado y cambiaré al mundo". Muerto por la causa a mano de los indios Aucas del Ecuador.

Jim Elliot, era una antorcha de fuego por Jesucristo. Un día mientras meditaba en el texto "El hace sus ministros llama de fuego" (He. 1:7), escribió en su diario:

"¿Soy inflamable? Dios líbrame del terrible asbesto de las "demás cosas". Satúrame con el aceite del Espíritu para que yo sea una llama. La llama es pasajera, a veces de corta vida. Alma mía ¿puedes soportar esto?, ¿una vida corta? En mí mora el Espíritu del Gran Ser que tuvo una vida corta, aquel cuyo celo por la casa de Dios lo consumió. Hazme Tu combustible, Llama de Dios".[x]

Las últimas líneas de su diario anota la cita de un ferviente poema de Amy Carmichael. No es de maravillarse que Jim Elliot se inspirara en él:

De la oración que pide protección
De los vientos que sobre ti golpearon,
De temer cuando debería aspirar,
De vacilar, cuando debo ascender,
Del cómodo yo, libra ¡Oh, Capitán!
Al soldado que va de ti en pos.

Del deseo sutil de buscar lo suave,
De las elecciones fáciles, debilitadoras,
No es así como el espíritu se fortalece

EL VERDADERO DISCIPULADO

Ni el camino que el Señor anduvo,
De todo lo que haga luminoso el Calvario,
¡Oh, Cordero de Dios, líbrame!

Dame el amor que guía el camino
La fe que nada hace desmayar,
La esperanza que nunca se agota
La pasión que quema como el fuego
No me dejes abatir para ser un idiota,
Hazme tu combustible, ¡oh Llama de Dios!

La desgracia de la iglesia en los siglos XX y XI es que hay más demostraciones de celo entre los comunistas y los de las sectas falsas que entre los cristianos.

En 1903 un hombre con 17 seguidores inició su ataque al mundo. Su nombre era Lenin. Hacia el año 1918 el número había crecido a cuarenta mil, y con aquellos cuarenta mil ganó el control de ciento sesenta millones de personas en Rusia. El movimiento ha crecido y actualmente controla más de la tercera parte de la población del mundo. Por mucho que uno se oponga a sus principios, no puede dejar de admirar su celo.

Muchos cristianos se sintieron fuertemente reprendidos cuando Billy Graham leyó la siguiente carta escrita por un universitario norteamericano que se había "convertido" al comunismo en México. El propósito de la carta era explicar a su novia por qué debía romper su compromiso:

"Los comunistas tenemos un alto porcentaje de muertes violentas. Somos los que morimos pasados por las armas, ahorcados, linchados, o alquitranados; somos encarcelados, calumniados, ridiculizados y despedidos de nuestros empleos y de diversos modos se procura hacernos la vida imposible. Un buen porcentaje de nosotros es muerto o tomado preso. Vivimos en una pobreza virtual. Damos al partido cada centésimo que ganamos por sobre lo que no sea absolutamente indispensable para mantenernos vivos. Los comunistas no tenemos tiempo ni dinero para cine, conciertos, asados, casas decentes o autos nuevos. Hemos sido descritos como fanáticos. Somos fanáticos. Nuestra vida está dominada por un gran factor que eclipsa todo otro interés: LA LUCHA POR EL COMUNISMO MUNDIAL.

Los comunistas tenemos una filosofía de la vida que ninguna cantidad de dinero puede comprar. Tenemos una causa por la cual pelear, un propósito definido en la vida. Subordinamos nuestros intereses mezquinos, nuestro yo a un gran movimiento de la humanidad, y, si nuestra vida personal parece dura, o si nuestro yo parece sufrir por haberse subordinado al partido, entonces cada uno se siente compensado adecuadamente por el pensamiento de que cada uno está contribuyendo con su grano de arena a algo nuevo, verdadero y mejor para la humanidad. Hay una cosa a la que me he consagrado fervorosamente y esa cosa es la causa comunista. Es mi vida, mi negocio, mi religión, mi entretenimiento, mi novia, mi esposa, mi mujer, mi pan y mi carne. Trabajo para el partido de día y sueño con él de noche. Su influencia sobre mí crece, no disminuye con el paso del tiempo, por tanto no puedo mantener amistad con nadie, no puedo tener asuntos amorosos, ni siquiera una conversación sin relacionarlas con esta fuerza que conduce y guía mi vida. Yo catalogo a las personas, libros, ideas y acciones de acuerdo a la forma en que afectan la causa comunista y por su actitud hacia ella. Yo ya he estado en la cárcel por mis ideas, y si fuera necesario estoy dispuesto a enfrentar el pelotón de fusilamiento".[xi]

Si los comunistas pueden consagrarse hasta este punto a su causa, cuanto más deberían los cristianos derramarse en amante y alegre devoción a su Salvador. Si el Señor Jesús vale algo, lo vale todo. Si la fe cristiana es digna de creerse, debe creársela con heroísmo.

"Si Dios en verdad ha hecho algo en Cristo de lo cual depende la salvación del mundo, y si Él la ha dado a conocer, entonces es un deber cristiano ser intolerante de todo lo que lo ignore, niegue o anule con explicaciones sutiles" (James Denney).

Dios busca a hombres completamente entregados al control del Espíritu Santo. Hombres estos que parecerán borrachos a los demás, pero los que saben de estas cosas comprenderán que están guiados por una "profunda, enorme, obsesionante e insaciable sed de Dios".

Que cada discípulo en perspectiva tome muy en serio LA NECE-

SIDAD de tener celo por Dios en su vida. Que tenga la aspiración de responder a la descripción dada por J. C. Ryle:

"El cristiano celoso es principalmente hombre de una causa. No basta decir que es serio, cordial, intransigente, eficaz, sincero, ferviente en espíritu. Solamente ve una cosa, le importa solamente una cosa, vive por una cosa, está embebido de una sola cosa, y esa cosa es agradar a Dios. Viva o muera, enfermo o sano, rico o pobre, agrade al hombre o le ofenda, se le considere sabio o necio, reciba injurias o alabanzas, reciba honra o se le avergüence, nada de esto le importa. Este hombre arde por una cosa, y esa cosa es agradar a Dios y promover la gloria de Dios. Si ese fuego lo consume, no le importa, está contento. Siente que, al igual que la lámpara, ha sido hecho para arder, y si se consume ardiendo, solamente ha hecho aquello para lo cual Dios lo designó. Tal voluntad siempre halla una esfera donde desplegar su celo. Si no puede obrar, predicar, o dar dinero, clamará, deseará y orará. Sí, si es solamente un pobre, o un enfermo que debe permanecer toda la vida en cama, hará que las ruedas del pecado se muevan pesadamente a su alrededor debido a su constante intercesión en contra. Si no puede pelear en el valle con Josué, hará la obra de Moisés, Aarón y Hur en el monte (Éx. 17: 9-13). Si a él no se le deja trabajar, no le dará descanso al Señor hasta que lleguen refuerzos y el trabajo sea hecho. Esto es lo que quiero decir cuando hablo de celo en religión".[xii]

Capítulo 6
LA FE

No puede haber verdadero discipulado sin una profunda e incuestionable fe en el Dios vivo. El que va a hacer hazañas para Dios debe confiar en Él implícitamente. Como dijera Hudson Taylor: "Todos los gigantes de Dios han sido hombres débiles que hicieron grandes cosas para Dios porque reconocieron que Dios estaba con ellos".

Ahora bien, la verdadera fe siempre descansa en alguna promesa de Dios, en alguna porción de Su Palabra. Esto es importante. El creyente primero lee o escucha alguna de las promesas de Dios. El Espíritu Santo toma aquella promesa y la aplica al corazón y conciencia en una forma muy personal. El creyente queda consciente de que Dios le ha hablado directamente. Con una confianza absoluta en la confiabilidad del que lo ha prometido, considera la promesa tan segura como si ya estuviera cumplida, aun cuando, humanamente hablando, ésta sea imposible.

Tal vez sea un mandamiento más que una promesa. Para la fe no hay diferencia. Si Dios manda, Él habilita. Si le pide a Pedro que camine sobre las aguas, Pedro debe estar seguro que el poder necesario para ello le será dado (Mt. 14:28). Si nos ordena predicar el Evangelio a toda criatura, podemos estar seguros de recibir la gracia necesaria (Mr. 16:15).

La fe no opera en el reino de lo posible. No hay gloria para Dios en lo que es humanamente posible. La fe comienza donde termina el poder humano. "La incumbencia de la fe comienza donde cesan las probabilidades y donde fallan la vista y los sentidos".

La fe dice: "Si la única objeción es imposible aquello puede hacerse". C. H. Mackintosh lo expresó así:

"La fe hace entrar a Dios al escenario, por lo tanto no sabe de dificultades y aún más, se ríe de las imposibilidades. Para la fe Dios es la gran respuesta a toda duda, la gran solución a todo problema. Todo lo remite a Él y por eso poco importa a la fe si se trata de seiscientos mil pesos o de seiscientos millones. Sabe que Dios es todo suficiente. Halla en Él todos sus recursos. La incredulidad dice: '¿Cómo es posible tal o cual cosa?' Está llena de '¿cómos?', pero la fe tiene una sola y gran respuesta para diez mil comos, y esa respuesta es Dios".[xiii]

Humanamente hablando era imposible que Abraham y Sara tuvieran un hijo. Pero Dios lo había prometido y para Abraham había una sola imposibilidad: que Dios mienta.

"Él creyó en esperanza contra esperanza, para llegar a ser padre de mucha gente, conforme a lo que se le había dicho: Así será tu descendencia. Y no se debilitó en la fe al considerar su cuerpo que estaba ya como muerto (siendo de casi cien años), o la esterilidad de la matriz de Sara. Tampoco dudó por incredulidad, de la promesa de Dios, sino que se fortaleció en fe, dando gloria a Dios, plenamente convencido de que era también poderoso para hacer todo lo que había prometido" (Ro. 4:18-21).

La promesa ve la fe omnipotente
Y mira a Dios solamente,
Ríe de lo que es imposible
Y exclama: ¡Lo ha hecho el Invisible!

Nuestro Dios es especialista en imposibilidades (Lc. 1:37). Nada le es demasiado difícil (Gn. 18:14). "Lo que es imposible para los hombres, es posible para Dios" (Lc. 18:27). La fe reclama Su promesa: "Al que cree todo le es posible" (Mr. 9:23) y asegura juntamente con Pablo: "Todo lo puedo en Cristo que me fortalece" (Fil. 4:13).

Obstáculos ve la duda,
La fe ve el camino.

LA FE

La duda la noche ve más oscura,
La fe ve el destino;
La duda teme dar un paso,
La fe vuela en las alturas;
La duda pregunta, "¿Crees acaso?"
La fe contesta "Sí", muy segura.

Debido a que la fe trata de lo sobrenatural y divino, no siempre es "razonable". Abraham salió sin saber donde iba, no en virtud del "sentido común", sino sencillamente obedeciendo un mandato de Dios (He. 11:8). No fue "astucia" de Josué atacar a Jericó sin armas mortíferas (Jos. 6:1-20). Los hombres del mundo se reirían de tal locura, ¡pero surtió efecto!

En realidad la fe es absolutamente racional. ¿Qué es más razonable que el que la criatura confíe en su Creador? ¿Es locura confiar en Aquel que no miente, no falla, ni se equivoca? Confiar en Dios es lo más sensato, cuerdo, y racional que un hombre puede hacer. No es un salto hacia las tinieblas. La fe demanda la evidencia más segura y la halla en la Palabra infalible de Dios. Nadie ha confiado en vano en Dios. Nadie que confíe en Él lo hará en vano. La fe en el Señor no incluye riesgos de ningún tipo.

La fe glorifica verdaderamente a Dios. Le da el lugar como el Único Ser completamente digno de confianza. Por otra parte la incredulidad deshonra a Dios; Le acusa de mentiroso (1 Jn. 5:10). Limita al Santo de Israel (Sal. 78:41).

La fe coloca al hombre en su verdadero lugar: suplicante, humilde, humillado hasta el polvo delante del soberano Señor de todas las cosas.

La fe es lo contrario de la vista. Pablo nos recuerda que "caminamos por fe y no por vista" (2 Co. 5:7). Caminar por vista significa tener medios visibles de abastecimiento, tener reservas adecuadas para el futuro, emplear la inteligencia humana para asegurarnos contra los riesgos. El camino de la fe es exactamente lo contrario: es confiar momento a momento en Dios solamente. Es una perpetua crisis de dependencia en Dios. La carne retrocede ante la idea de depender completamente de un Dios invisible. Trata de aprovisionarse para amortiguar posibles pérdidas. Si no puede ver por donde va a ir, es seguro que sufre un colapso nervioso. Pero la fe da el paso hacia adelante en obediencia a la Palabra de Dios, se levanta por sobre las circunstancias y confía en el Señor para la provisión a todas sus necesidades.

Todo discípulo que decide andar por fe puede estar seguro que su fe será probada. Tarde o temprano, será llevado hasta el límite de sus recursos humanos. Se sentirá tentado a recurrir a sus semejantes en busca de auxilio. Pero si está realmente confiando en Dios, esperará en Él solamente.

C. H. Mackintosh escribió:

"Dar a conocer las necesidades en forma directa o indirecta a un ser humano, es apartarse de la vida de fe, y una positiva deshonra a Dios. Es traicionarle. Es como decir: 'Dios me ha fallado y debo buscar ayuda entre mis amigos'. Es dejar la fuente de agua viva y volverse a las cisternas rotas. Es colocar a la criatura entre mi alma y Dios, robándole a mi alma una rica bendición y a Dios la gloria debida a su nombre".[xiv]

La actitud normal del discípulo es desear un crecimiento en la fe (Lc. 17:5). Ya ha confiado en Cristo para salvación. Ahora espera poner bajo el control del Señor nuevas áreas de su vida. Cuando enfrenta enfermedades, tribulaciones, tragedias y aflicciones, llega a conocer a Dios en una forma nueva y más íntima, resultando fortalecida su fe. Comprueba la verdad de la promesa: "Conoceremos y proseguiremos en conocer a Jehová" (Os. 6:3). Mientras más comprende la fidelidad de Dios, más ansioso está de confiar en Él para cosas más grandes.

Como la fe es por el oír y el oír por la Palabra de Dios, el deseo íntimo del discípulo es saturarse de las Escrituras, leerlas, estudiarlas, memorizarlas, meditar en ellas día y noche. Son su carta y brújula, su guía y consuelo, su lámpara y luz.

En la vida de fe siempre hay lugar para progresar. Cuando leemos acerca de lo que ha sido hecho por fe, nos damos cuenta que somos como niños pequeños que están jugando a la orilla de un océano sin límites. Las hazañas de la fe se nos relatan en Hebreos 11. Se elevan en un magnífico ascenso en los versículos 32-40.

¿Y qué más digo? Porque el tiempo me faltaría contando de

LA FE

Gedeón, de Barac, de Sansón, de Jefté, de David, así como de Samuel y de los profetas; que por fe conquistaron reinos, hicieron justicia, alcanzaron promesas, taparon bocas de leones, apagaron fuegos impetuosos, evitaron filo de espada, sacaron fuerzas de debilidad, se hicieron fuertes en batallas, pusieron en fuga ejércitos extranjeros. Las mujeres recibieron sus muertos mediante resurrección; mas otros fueron atormentados, no aceptando el rescate, a fin de obtener mejor resurrección. Otros experimentaron vituperios y azotes, y a más de esto prisiones y cárceles. Fueron apedreados, aserrados, puestos a prueba, muertos a filo de espada; anduvieron de acá para allá cubiertos de pieles de ovejas y de cabras, pobres, angustiados, maltratados; de los cuales el mundo no era digno; errando por los desiertos, por los montes, por las cuevas y por las cavernas de la tierra. Y todos éstos, aunque alcanzaron buen testimonio mediante la fe, no recibieron lo prometido; proveyendo Dios alguna cosa mejor para nosotros, para que no fuesen ellos perfeccionados aparte de nosotros.

Una palabra más. Ya hemos mencionado que un discípulo que camina por fe sin duda será considerado un soñador o un fanático por la gente del mundo y aun por otros cristianos. Pero es bueno recordar que "la fe que nos capacita para caminar con Dios también nos capacita para adjudicar el valor que le corresponde a la opinión de los hombres".

Capítulo 7
LA ORACIÓN

El único libro completamente satisfactorio que se ha escrito sobre la oración es la Biblia. Los demás nos dejan la sensación de la existencia de profundidades no alcanzadas y de alturas no escaladas. En este tratado no queremos emular los esfuerzos de otros. Todo lo que podemos hacer es resumir algunos de los principios importantes de la oración, especialmente en lo que están conectados con el discipulado cristiano.

1. La mejor oración procede de una fuerte necesidad interna. Todos hemos probado que esto es así. Cuando nuestra vida se desliza serena y plácida, nuestras oraciones se hacen aburridas y mecánicas. Cuando enfrentamos una crisis, un peligro, una enfermedad o alguna seria dificultad, nuestras oraciones se convierten en fervientes y vitales. Alguien ha dicho: "la flecha que ha de penetrar los cielos debe ser lanzada de un arco completamente doblado". Las mejores oraciones nacen del sentimiento de urgencia, desamparo, o de cualquier necesidad consciente.

Desgraciadamente, pasamos demasiado tiempo tratando de protegernos de las necesidades. Usando los métodos de los negocios, hacemos amplias reservas contra toda eventualidad imaginable. Por el uso de la diligencia humana llegamos al punto en que estamos ricos y engrandecidos, tan llenos de cosas que no necesitamos nada. Entonces nos preguntamos por qué nuestra vida de oración es pobre y sin vida, y por qué no cae del cielo el fuego que hemos pedido . . Si verdaderamente camináramos por fe y no por vista, nuestra vida de oración sería revolucionada.

2. Una de las condiciones de la oración exitosa es que "nos acerquemos con corazón sincero" (He. 10:22). Esto significa que debemos ser honestos y genuinos delante del Señor. No debe haber hipocresía. Para cumplir esto no debemos pedir a Dios que haga algo cuando está dentro de nuestra capacidad de hacerlo. Por ejemplo, no debemos pedirle que nos provea de cierta suma de dinero para tal o cual proyecto, si tenemos fondos más que suficientes para realizarlo. Dios no puede ser burlado. Él no contesta oraciones si ya nos ha dado la respuesta y nosotros no queremos usarla.

Dentro de esta misma línea de pensamiento, no deberíamos orar para que el Señor envíe a otros a sus labores si no estamos dispuestos personalmente a ir. Millares de oraciones han sido pronunciadas en favor de los musulmanes, hindúes y budistas. Pero si todos los que han orado hubieran estado dispuestos a ser usados por el Señor para alcanzar a esta gente, entonces la historia dé las misiones cristianas hubiera sido diferente y más alentadora.

3. La oración debe ser hecha con sencillez, creyendo y sin preguntar, porque es muy posible que nuestra ansia de orar sea absorbida por los problemas teológicos implícitos en la oración. Esto sirve para adormecer los sentidos espirituales. Es mejor orar que resolver todos los misterios relacionados con la oración. Que los doctores en Teología tejan sus teorías acerca de la oración. Pero que el creyente sencillo asalte las puertas del cielo con infantil confianza. Fue Agustín el que dijo: "Los simples toman el cielo por fuerza, y nosotros con toda nuestra sapiencia no nos elevamos más allá de la carne y la sangre".

El cómo no lo sé,
Pero que Dios oye, lo experimenté.
No sé cuando la palabra dio,
Pero dice que mi súplica oyó.
Tarde o temprano respuesta vendrá,
Esperar y orar, no necesito más.

LA ORACIÓN

No sé si contestará como yo pedí,
Pero siempre será lo mejor para mí.

4. Para tener todo el poder en la oración, debes rendirle todo a Cristo. Vuélvete completamente a Él. Déjalo todo por seguir al Salvador. El tipo de devoción que corona a Cristo como Señor de todo es la devoción que a Él le gusta honrar.

5. Parece que Dios se complace en darle especial valor a la oración cuando esta nos cuesta algo. Los que madrugan gozan de la comunión y compañía con Aquel que cada día se levantaba al amanecer para recibir las instrucciones de su Padre. Del mismo modo, aquellos que imbuidos de un santo fervor pasan la noche en oración, gozan de un poder de parte de Dios que no puede ser negado. La oración que no cuesta nada, no vale nada. Es simplemente un subproducto del cristianismo barato a que estamos acostumbrados.

El Nuevo Testamento continuamente liga la oración con el ayuno. El abstenerse de los alimentos puede ser una valiosa ayuda en el ejercicio espiritual. Al hombre que ayuna la abstinencia le da más claridad, concentración e inteligencia. Por parte de Dios parece que Él está especialmente dispuesto a favorecer las oraciones cuando ponemos la oración como más necesaria que el alimento.

6. Evita las oraciones egoístas: "Pedís y no recibís, porque pedís mal, para gastar en vuestros deleites" (Stg. 4:3). La carga primaria de nuestras oraciones debería ser los intereses del Señor. Debemos pedir en primer lugar: "Venga tu reino, sea hecha tu voluntad como en el cielo, así también en la tierra" para luego añadir: "Danos hoy nuestro pan de cada día".

7. Deberíamos honrar a Dios con grandes peticiones porque Él es un gran Dios. "Tengamos fe para esperar grandes cosas del Señor".

Si al Gran Rey vienes a ver
Grandes peticiones debes traer.
Su amor y poder tan grandes son
Que jamás los excederá tu petición.

Infinidad de veces hemos ofendido a nuestro Dios pidiendo demasiado poco. Nos hemos conformado con triunfos tan escasos, con logros tan pobres, con anhelos tan débiles por cosas más elevadas, que hemos dejado en los demás la impresión que nuestro Dios no es un gran Dios. No le hemos glorificado ante los que no le conocen pues no hemos vivido de tal manera que nuestra vida llame la atención y despierte el deseo de inquirir acerca del poder que la sostiene. Casi no hemos oído decir de nosotros, como se decía del apóstol "ellos glorificaban a Dios en mí".

8. Al orar debemos asegurarnos de estar en la voluntad de Dios. Entonces oraremos creyendo que Él oirá y contestará. "Y esta es la confianza que tenemos en él, que si pedimos alguna cosa conforme a su voluntad, él nos oye. Y si sabemos que él nos oye en cualquiera cosa que pidamos, sabemos que tenemos las peticiones que le hayamos hecho (1 Jn. 5:14-15).

9. Orar en el nombre de Jesús es orar de acuerdo a su voluntad. Cuando oramos verdaderamente en su nombre, es como si Él estuviera presentando su petición a Dios, su Padre. "Y todo lo que pidiereis en mi nombre, lo haré, para que el Padre sea glorificado en el Hijo. Si algo pidiereis en mi nombre, yo lo haré" (Jn. 14:13-14). "Y aquel día no me preguntaréis nada. De cierto, de cierto os digo, que todo cuanto pidiereis al Padre en mi nombre, os lo hará" (Jn. 16:23). "Otra vez os digo, que si dos de vosotros se pusieren de acuerdo en la tierra acerca de cualquier cosa que pidieren, les será hecho por mi Padre que está en los cielos. Porque donde están dos o tres congregados en mi nombre, allí estoy yo en medio de ellos" (Mt. 18:19-20).

"Pedir en *su nombre*, significa ser llevado de la mano a la oración por él; significa, puedo decirlo así, que Él se arrodilla a nuestro lado y sus deseos fluyen a través de nuestro corazón. Esto es lo que significa la frase *"en su nombre*. Su nombre es lo que Él es, Su naturaleza, por lo tanto orar en el Nombre de Cristo debe significar orar de acuerdo a su bendita voluntad. ¿Acaso puedo orar para mal en el Nombre del Hijo de Dios? Lo que yo ore debería ser una expresión de su naturaleza. ¿Puedo hacer eso en oración? La oración debería exhalar el poder del Espíritu Santo, la mente de Cristo, los deseos de Cristo en nosotros. Que el Señor nos enseñe más y más a orar **en su nombre**. No deberíamos solo pensar en no terminar una oración sin las palabras mismas: *En el bendito nombre de Jesús*, sino también toda la oración debería estar impregnada, completamente llena del bendito nombre de Jesús; todo de acuerdo a ese nombre".

10. Si nuestra vida de oración va a ser efectiva, debemos tener cuentas claras con Dios. Queremos decir que el pecado debe ser confesado y abandonado tan pronto como nos damos cuenta que ha entrado en nuestra vida. "Si en mi corazón hubiese yo mirado a la iniquidad el Señor no me habría escuchado" (Sal. 66·18). Debemos permanecer en Cristo. "Si permanecéis en mí y mis palabras permanecen en vosotros, pedid todo lo que queréis y os será hecho" (Jn. 15:7). La persona que está en Cristo se halla tan cerca de Él, que está llena del conocimiento de la voluntad del Señor. De este modo puede orar inteligentemente y estar seguro de recibir la respuesta. El estar en Él exige que obedezcamos sus mandamientos. "Y cualquier cosa que pidiéremos la recibiremos de él, porque guardamos sus mandamientos y hacemos las cosas que son agradables delante de él" (1 Jn. 3:22). Se necesita un alma en correcta relación con él para que nuestras oraciones sean oídas y contestadas (1 Jn. 3:20).

11. No debemos orar solamente a ciertas horas establecidas durante el día. Debemos formar la actitud de oración, de modo que estemos mirando al Señor mientras caminamos por las calles, mientras conducimos el auto, en nuestro trabajo o en nuestro quehacer hogareño. Nehemías en un ejemplo clásico de este tipo espontáneo de oración (Neh. 2:4). Es mejor habitar en la morada secreta del Altísimo, que hacerle visitas ocasionales.

12. Finalmente, nuestras oraciones deberían ser específicas. Es solamente cuando oramos por cosas definidas que podemos ver respuestas definidas.

La oración es un privilegio maravilloso. Por este medio, como dijo Hudson Taylor, podemos aprender a mover al hombre a través de Dios. "¡Qué ministerio tenemos en nuestras manos para obrar milagros en el reino maravilloso de la oración! Podemos llevar el sol a lugares fríos y ocultos. Podemos encender la luz de la esperanza en la cárcel de la desesperación. Podemos librar al prisionero de las cadenas que le impiden caminar. Podemos llevar los pensamientos gratos del hogar al que está en el país lejano. Podemos llevar consuelo celestial a los espíritualmente débiles, aun cuando ellos estén trabajando más allá de los mares. Estos son milagros en respuesta a la oración!

A esto añade su testimonio un escritor llamado Wenham: "Predicar es un don difícil de hallar; el de orar es aún más escaso. La predicación, como la espada es un arma que debe ser usada a corta distancia, no puede alcanzar a los que están lejos. La oración es como un rifle: tiene largo alcance y bajo ciertas circunstancias es aún más eficaz".

Señor, ¡cómo cambian las cosas
Al pasar una hora en tu presencia majestuosa!
Las pesadas cargas de nuestros hombros caen,
Refrescas al alma con tu lluvia bienhechora,
Caemos sobre las rodillas
Y todo a nuestro lado parece descender.
Nos levantamos y lo lejano y cercano brilla,
Con resplandor de sol en espiritual amanecer.
Entonces, por qué he de pensar
Que la fuerza está lejos de mí, que soy débil,
Que debo moverme con cuidado para no desmayar;
Y en dolores, y penas y temores vivir?
No es esa mi parte, Señor.
La ansiedad, el temor, la turbación,
Al gozo, la paz y el amor han cedido mi corazón,
Porque me has concedido el bendito don de la oración.

Capítulo 8
LA GUERRA ESPIRITUAL

Apenas se puede leer el Nuevo Testamento sin notar que la figura de la guerra se usa a menudo para describir el programa de Cristo en la tierra. Hay una gran distancia entre el verdadero cristianismo y el entretenimiento burdo que llaman cristianismo en el día de hoy. No debe confundirse con la vida lujosa y la búsqueda del placer que son tan comunes actualmente. En vez de eso, se trata de una guerra a muerte, de un incesante conflicto con las fuerzas infernales. El discípulo que no ha comprendido que la guerra ha comenzado y que no puede volverse, no vale un grano de sal.

En la guerra debe haber unidad. No hay lugar para riñas, celos partidistas o para lealtades divididas. Ninguna casa dividida contra sí misma puede prevalecer. Por lo tanto los soldados de Cristo deben ser unidos. El camino hacia la unidad pasa por la humildad. Esto lo enseña claramente Filipenses capítulo 2. Es imposible tener una rencilla con un hombre verdaderamente humilde. Se necesita dos personas para que haya pelea. Sólo por orgullo viene la contención. Donde no hay orgullo no hay lugar para una disputa.

La guerra exige una vida austera y sacrificada. En guerras de cualquier dimensión hay invariablemente un vasto sistema de racionamiento. Ya es tiempo que los cristianos nos demos cuenta de que estamos en guerra y que los gastos deben ser suprimidos para que el máximo posible de nuestros recursos puedan ser invertidos en la lucha.

No muchos ven esto claramente como el joven discípulo llamado R.M. En 1960 era el presidente de los estudiantes de primer año de una Escuela Cristiana de enseñanza superior. Durante su mandato se propuso hacer un presupuesto, de los desembolsos de dinero para las acostumbradas fiestas, trajes y regalos de la clase. En vez de aprobar tales gastos que no contribuían directamente a la propagación del Evangelio, R.M. renunció a su cargo de presidente. El día en que anunció su renuncia circuló la siguiente carta entre sus compañeros de clase:

Estimados compañeros:

Como la cuestión de las fiestas, trajes y regalos ha sido presentada a la directiva para consideración, yo, como presidente de la clase he considerado la actitud del cristiano hacia tales asuntos:

Pienso que hallaríamos el mayor gozo en darnos nosotros mismos, nuestro dinero y nuestro tiempo enteramente a Cristo y a los demás, probando así la realidad de sus palabras: "El que pierde su vida por mi causa la hallará".

Que los cristianos gasten su dinero y su tiempo en cosas que no son un testimonio definido al inconverso o para la edificación de los hijos de Dios parece contradictorio al considerar que 7.000 personas mueren diariamente de hambre y que más de la mitad del mundo jamás ha oído acerca de la única esperanza del hombre.

Mucha más gloria daríamos a Dios ayudando a llevar el Evangelio al otro 60 por ciento del mundo que jamás han oído de Jesucristo o aún en nuestro propio vecindario que reuniéndonos en un club, limitando nuestro roce social a aquellos que piensan como nosotros y gastando el dinero y el tiempo en nuestro propio placer.

Como estoy al tanto de las necesidades específicas y de oportunidades para usar el dinero con gran ventaja para la gloria de Dios y para ayudar a mi prójimo y en tierras lejanas me es imposible permitir que los fondos de la clase sean gastados innecesariamente en nosotros mismos. Si yo fuera uno de aquellos que tienen esa necesidad tan grande como sé de muchos que la tienen, yo querría que los que tienen la posibilidad hicieran lo que pudieran para darme a conocer el Evangelio y para ayudarme en mis necesidades materiales.

"Como quisiereis que los hombres hagan con vosotros, así haced vosotros con ellos". "Y si alguno tuviere bienes de este mundo y viere a su hermano padecer necesidad, y cierra su corazón, ¿cómo está el amor de Dios en él?"

"Por tanto, con amor y oración y para que ustedes puedan ver a Cristo dándolo todo" (2 Co. 8:9), presento mi renuncia al cargo de presidente de la clase de '63.

Vuestro en El,

R.M.

La guerra exige sufrimiento. Si los jóvenes de hoy están dispuestos a dar su vida por su país, cuanto más los cristianos deberían estar dispuestos a perder su vida por amor a Cristo y el Evangelio. Una fe que no cuesta nada no sirve para nada. Si el Señor Jesús significa algo para nosotros, él debería ser nuestro todo, y ninguna consideración acerca de seguridad personal o de prevención del sufrimiento nos detendría en nuestro servicio a Él.

Cuando el Apóstol Pablo defendió su apostolado de los ataques de sus críticos de alma egoísta, no señaló su genealogía, ni su educación ni sus conquistas materiales. En vez de eso, enumeró sus sufrimientos por la causa del Señor Jesucristo (2 Co. 11: 23-28 en la RVR 60).

Al presentar su noble desafío a Timoteo le exige: "Tu, pues, sufre penalidades como buen soldado de Jesucristo" (2 Ti. 2:3).

La guerra implica obediencia inmediata. Un verdadero soldado seguirá las instrucciones superiores sin preguntar y sin demorar. Es absurdo pensar que Cristo podría quedar satisfecho con algo menos. Como Creador y Redentor, tiene todo el derecho de esperar de los que le siguen a la batalla una obediencia pronta y completa a sus órdenes.

La guerra exige pericia en el uso de las armas. Las armas del cristiano son la oración y la Palabra de Dios. Debe entregarse a la oración ferviente, fiel, y perseverante. Solamente así pueden ser derribadas las fortalezas del enemigo. También debe ser experto en el uso de la espada del Espíritu que es la Palabra de Dios. El enemigo hará todo lo posible para hacerlo soltar la espada. Sugerirá dudas acerca de la inspiración de la Palabra de Dios, indicará supuestas contradicciones. Presentará argumentos opuestos de la ciencia, la filosofía y la tradición humana. Pero el soldado de Cristo debe estar bien firme probando la efectividad de su arma por el uso de ella a tiempo y fuera de tiempo.

Las armas guerreras del cristiano parecen ridículas al hombre del mundo. El plan que fue efectivo en Jericó podría ser ridiculizado por los jefes militares de hoy. El ejército insignificante de Gedeón podría evocar solamente el ridículo. Y ¿qué diremos de la honda de David, el aguijón para los bueyes de Samgar, y del miserable ejército de necios que Dios ha tenido a través de los siglos? La mente espiritual sabe que Dios no está de lado de los grandes batallones, sino que le place escoger lo pobre y lo débil y lo despreciado de este mundo para glorificarse en ellos.

La guerra exige el conocimiento del enemigo y de sus tácticas. Es igual en la guerra cristiana. "Porque no tenemos lucha contra sangre y carne, sino contra principados, contra potestades, contra los gobernadores de las tinieblas de este siglo, contra huestes espirituales de maldad en las regiones celestes" (Ef. 6:12). Sabemos que Satanás mismo se disfraza como ángel de luz. Por tanto no es de extrañarse que sus ministros se disfracen de ministros de justicia, cuyo fin será conforme a sus obras (2 Co. 11: 14-15). Un soldado cristiano bien preparado sabe que la oposición más amarga no vendrá del borracho, ni del ladrón vulgar, ni de la ramera sino más bien de los ministros de la religión profesante. Fueron los líderes religiosos los que persiguieron la iglesia primitiva. Pablo recibió los peores ataques de manos de quienes profesaban ser siervos de Dios. Y así ha sido a través de los años. Los ministros de Satanás se transforman en ministros de justicia. Hablan lenguaje religioso, usan ropas religiosas, y actúan con delicada piedad, pero su corazón está lleno de odio por Cristo y por el Evangelio.

La guerra no admite distracciones. "Ninguno que milita se enreda en los negocios de la vida, a fin de agradar a aquel que lo tomó por soldado" (2 Ti. 2:4). El discípulo de Cristo aprende a ser intolerante con todo lo que se pueda interponer entre su alma y su entera devoción a su Señor Jesucristo. Es despiadado sin ser ofensivo; firme, sin ser descortés. Tiene una pasión y solamente una. Todo lo demás debe quedar bajo entera sujeción.

La guerra exige valentía frente al peligro. "Por tanto, tomada la armadura de Dios, para que podáis resistir en el día malo, y habiendo acabado todo, estad firmes. Estad, pues, firmes..." (Ef. 6:13-14). Algunos han observado que la armadura del cristiano según la descripción de Efesios 6:13-18 no hace provisión para la espalda y por lo tanto, no hace provisión para la huida. ¿Pero por qué huir? Si "somos más que vencedores por el que nos amó", si nadie puede estar contra nosotros y vencemos porque Dios es por nosotros, si la victoria está asegurada aún antes que comencemos la lucha, ¿cómo podemos pensar en retroceder?

Que viva con los vencedores,
O perezca en la batalla,
He de luchar con los moradores
De las tinieblas donde Satán se halla.
Fuerte es el enemigo que avanza,
Desnuda, oh Señor, está mi espada
Para derribar su estandarte y lanza
Por la virtud que a tu Palabra ha sido dada.

Capítulo 9

EL DOMINIO MUNDIAL

Dios nos ha llamado a dominar el mundo. No fue Su intención que naciéramos hombres y muriéramos almaceneros. Su propósito no fue que ocupáramos nuestra vida siendo oficiales de empresas intrascendentes.

Cuando Dios creó al hombre, le dio dominio sobre toda la tierra. Le coronó de gloria y honra y puso todas las cosas bajo sus pies. El hombre fue investido de dignidad y soberanía poco menos que los ángeles. Cuando Adán pecó, perdió el dominio que había sido suyo por decreto divino. En vez de ejercer una supremacía indiscutible, gobernó en forma inestable sobre un reino incierto.

Hay un sentido en el Evangelio en el cual podemos recuperar el dominio. Ya no se trata del controlar perros gruñones o víboras venenosas, más bien se refiere a reclamar las naciones como nuestra herencia y los términos de la tierra como posesión nuestra. "El verdadero imperialismo constituye un imperio por la soberanía espiritual y moral; atracción y dominio por el fascinante resplandor de una vida pura y santificada".

Realmente, la dignidad del llamamiento cristiano es algo que Adán jamás conoció. Somos coadjutores con Dios en la redención del mundo. "Este es nuestro mandato: que unjamos hombres en el nombre de Cristo para una vida real, para que sean soberanos sobre el yo, para servir en el reino".

Es una tragedia que muchos en el día de hoy no han podido comprender la alta dignidad de nuestro llamamiento. Estamos contentos con pasar los años congratulando las bajezas, o destacándonos en cosas sin importancia. Nos arrastramos en vez de volar. Pocos han tenido la visión de pedir países para Cristo.

Spurgeon fue una excepción. Escribió el siguiente mensaje a su hijo:

"No me gustaría que tú, siendo llamado por Dios para ser misionero, mueras millonario. No me gustaría que siendo apto para ser misionero fueras coronado rey.

¿Qué son los reyes, los nobles, las diademas, todo junto, cuando los comparas con la dignidad de ganar almas para Cristo, con el honor especial de edificar para Cristo, no sobre el fundamento de otro hombre, sino predicando el Evangelio de Cristo en regiones lejanas?"[XV]

Otra excepción fue Juan Mott. Cuando el Presidente Coolidge le pidió que fuera embajador en Japón, Mott contestó: "Señor Presidente, desde que Dios me llamó para ser Su embajador, ya no tengo oídos para otros llamamientos".

Billy Graham habló de otra excepción: "Cuando la Standard Oil Compañía buscaba un hombre en el Lejano Oriente, escogieron un misionero para que fuera su representante. Le ofrecieron 10.000 dólares al año, y él rehusó. Veinticinco mil. Rehusó. Cincuenta mil. Nuevo rechazo. Ellos le preguntaron: "¿Qué hay de malo?" Él les contestó: "Su precio es muy bueno, pero el trabajo insignificante. Dios me ha llamado para que sea misionero".

El llamamiento del cristiano es el más noble y silo comprendemos, nuestra vida tendrá más altura. Ya no hablaremos de nosotros mismos como "llamados a ser plomeros", o médicos, o dentistas. Seremos uno de aquellos que ha sido llamado a ser apóstol de Jesucristo, y todo lo demás será solamente el medio por el cual obtenemos el sustento. Nos sentiremos llamados a predicar el Evangelio a toda criatura, a hacer discípulos de entre todas las naciones, a evangelizar el mundo.

¿Nos parece una tarea inmensa? Lo es, pero no imposible. Pero demanda acción resuelta e inmediata de parte de cada creyente.

Piensa primero en la población del mundo. Hay más de seis mil millones de personas en el mundo hoy en día, y la cifra crece a paso impresionante. Desde el tiempo de Cristo tardó 18 siglos en llegar a mil millones. Un siglo más tarde había ascendido a dos mil millones. Durante el siglo XX llegó a 4.400.000.000. Y ahora el crecimiento de cada tres días equivale a la población de la ciudad de San Francisco.

Uno de los resultados numéricos de esta explosión de la humanidad es que hoy el número de habitantes en el mundo es doble lo que era en el año 1960. Mirándolo desde otra perspectiva, hoy están vivas la décima parte de todas las personas que han vivido desde la creación.

Al pensar en lo urgente que es la evangelización del mundo, debemos tener en cuenta que aunque el promedio de vida en los países desarrollados excede los 70 años, en el resto del mundo está en menos de 40 años. Cada día miles de almas se deslizan y entran en la eternidad. No hay tiempo para perder; hay que hacer llegar el evangelio a ellas.

La Biblia es central en la evangelización del mundo. "La fe viene por el oír, y el oír por la Palabra de Dios" (Ro. 10:17). De los más de 6.500 idiomas que se habla en el mundo, las Escrituras existen en sólo aproximadamente 2.500 de ellos. El lenguaje empleado en muchas de estas versiones de la Biblia y porciones de la Biblia está desfasado y difícil de entender. Es como un idioma extraño a la gente. Agregamos a esto el dato siguiente: que 16 por ciento de la población es analfabeta y no podría leer la Biblia aunque tuviera un ejemplar.

La tercera parte del mundo profesa ser cristiana, pero esto incluye huestes de cristianos nominales. Nadie sabe la cifra exacta de creyentes evangélicos. No obstante, alguien ha dicho que si cada verdadero creyente proclamara el evangelio a 40 personas no alcanzadas, el mundo podría ser evangelizado.

Hay más de mil millones de católico romanos y 217 millones de personas en la iglesia ortodoxa. Los protestantes suben a 351 millones.

La religión que crece más rápidamente es el Islam. La mayoría de sus 1.300.000.000 adherentes tiene menos de 25 años de edad. Hay quince países que son casi totalmente musulmanes. De las 10,200 religiones distintas en el planeta, figuran como principales el hinduismo, el budismo, el ateísmo, el sijismo y el judaísmo.

El comunismo todavía es enemigo de la fe cristiana. El comunismo procura impedir que la quinta parte de la población del mundo escuche la verdad, en China, Cuba, Vietnam, Corea del Norte y otros lugares.

Todo miembro de toda religión y filosofía es precioso al Señor Jesucristo. Él murió por cada uno de ellos. Todos deberían escuchar el evangelio. La necesidad es asombrosa.

¿Cómo va a ser ganado el mundo para Cristo en esta generación con estadísticas como la citada? Imposible, a menos que haya hombres y mujeres que amen a Dios con todo su corazón, y que amen a su prójimo como a sí mismos. La tarea será cumplida solamente con la dedicación y devoción que brotan de un amor imperecedero.

Los que han sido constreñidos por el amor de Cristo considerarán que ningún sacrificio es demasiado grande para realizarlo por él. Harán por amor a Él lo que jamás habrían hecho por una ganancia material. No contarán su vida preciosa para nada. Gastarán y se gastarán con tal que los hombres no perezcan sin haber oído el Evangelio.

Crucificado Señor,
Dame un corazón como el tuyo.
Enséñame a amar las almas que perecen.
Que mi alma y corazón
El contacto contigo aprecien,
Y dame amor,
Como el de Aquel que dio el Hijo suyo,
Por dar a los perdidos salvación que no merecen.

La causa está perdida, a menos que el amor la motive. De otro modo, nada sirve. El ministerio cristiano entonces llega a ser como metal que resuena o címbalo que retiñe. Pero cuando el amor es la estrella guiadora, cuando los hombres van inflamados con devoción a Cristo, ningún poder existe en la tierra que pueda detener el avance arrasador del Evangelio.

Obsérvese entonces un grupo de discípulos entregados enteramente a Cristo, atravesando océanos y tierras como portadores de un glorioso mensaje, incansables, siempre procurando entrar en nuevas áreas, encontrando en cada persona una vida por la cual Cristo murió y ambicionando que sean adoradores de Cristo por la eternidad. ¿Qué métodos usan estos hombres que no son de este mundo para dar a conocer a Cristo?

EL DOMINIO MUNDIAL

El Nuevo Testamento presenta dos métodos principales para alcanzar al mundo con el Evangelio. El primero era la proclamación pública. El segundo es la instrucción privada.

En cuanto al primer método fue usado por Jesucristo y sus discípulos. Dondequiera que se reuniera la gente, allí había una oportunidad para predicar las buenas nuevas. Así encontramos que se proclamó el Evangelio en los mercados, prisiones, sinagogas, playas, y en las riberas de los ríos. La urgencia y el carácter superlativo del mensaje hacían que fuera imposible pensar en lugares convencionales de reunión.

El segundo método de propagación de la fe cristiana es el adoctrinamiento de individuos. Este es el método que el Señor Jesús usó en la preparación de los doce. Llamó a este pequeño grupo de hombres para que estuvieran con Él y para poderlos enviar. De día en día los instruyó en la verdad de Dios. Les puso por delante la tarea para la cual estaban destinados. Les advirtió detalladamente los peligros y dificultades que encontrarían. Les introdujo a los consejos privados de Dios y les hizo partícipes de los gloriosos pero arduos planes de Dios. Los envió como a ovejas en medio de lobos. Los dotó del poder del Espíritu Santo y se lanzaron a decir al mundo las nuevas del Salvador resucitado ascendido y glorificado. La efectividad de este método se ve en el hecho de que ese grupo, reducido a once por la defección del traidor, revolucionó el mundo para gloria del Señor Jesús.

El Apóstol Pablo no solamente practicó este método, sino que urgió a Timoteo a que lo practicará. "Lo que has oído de mí ante muchos testigos, esto encarga a hombres fieles que sean idóneos para enseñar también a otros" (2 Ti. 2:2). El primer paso es la selección cuidadosa y con oración de los hombres fieles. El segundo es el impartirles la gloriosa visión. El tercero es enviar a estos hombres que doctrinen a otros (Mt. 28:19).

A los que codician ver números y piden del Señor grandes multitudes este método les parecerá tedioso y aburrido. Pero Dios sabe lo que Él está haciendo y sus métodos son los mejores métodos. Dios puede hacer mucho más por medio de unos pocos discípulos dedicados a Él que por medio de un ejército gigante de religiosos satisfechos.

Cuando estos discípulos salen en el nombre de Cristo ellos siguen ciertos principios básicos bosquejados en la Palabra de Dios. En primer lugar son astutos como serpientes, pero inofensivos como palomas. Su sabiduría la piden de Dios para poder seguir el difícil camino que tienen que transitar. Al mismo tiempo son mansos y humildes en sus contactos con sus semejantes. Nadie puede temer la violencia física de parte de ellos. Los hombres deben temer solamente a sus oraciones y a su inquebrantable testimonio.

Estos discípulos se mantienen libres de la política de este mundo. No se sienten llamados a luchar contra ninguna forma de gobierno ni contra ideas políticas. Pueden trabajar bajo cualquier forma de gobierno y ser leales a tal gobierno mientras no se les exija comprometer su testimonio o negar a su Señor. Entonces ellos rehúsan obedecer y se someten a las consecuencias. Pero ellos nunca conspiran contra un gobierno humano, ni se comprometen en luchas revolucionarias. ¿No dijo el Señor: "Si mi reino fuera de este mundo mis servidores pelearían"? Estos hombres son embajadores de un país celestial y pasan por este mundo como peregrinos y extranjeros.

Son absolutamente honestos en todos sus tratos. Evitan los subterfugios de cualquier tipo. Su **sí** es **sí** y su **no** es **no**. Rechazan la mentira popular de que "el fin justifica los medios". Bajo ninguna circunstancia hacen el mal para que venga algún bien. Cada uno es una conciencia encarnada que preferiría morir antes que pecar.

Otro principio invariablemente seguido por estos hombres es que su trabajo lo unen a una iglesia local. Salen al mundo a ganar almas para Cristo, pero ganadas las almas las ponen en comunión con la iglesia local donde pueden ser fortalecidas y edificadas en su santísima fe. El verdadero discípulo comprende que la iglesia local es la unidad de Dios puesta para propagar la fe, y que el trabajo mejor y más duradero se edifica siguiendo ese patrón bíblico.

Los discípulos son prudentes y evitan el implicarse en alianzas de cualquier tipo. Firmemente rehúsan permitir que sus movimientos sean dictados por organizaciones humanas. Reciben sus órdenes de marchar directamente del cuartel general en los cielos. Esto no significa que operan sin la confianza y la recomendación de la iglesia local. Por el contrario, consideran tal recomendación como una confirmación del llamamiento de Dios para el servicio. Pero insisten en la necesidad de servir a Cristo en obediencia a su Palabra y en que él les guíe.

Finalmente estos discípulos evitan la publicidad. Tratan de mantenerse en el segundo plano. Su propósito es glorificar a Cristo y hacer que Él sea conocido. No buscan grandes cosas para sí, ni quieren revelar su estrategia al enemigo. De modo que trabajan silenciosamente sin ostentación, indiferentes a las alabanzas o las calumnias de los hombres. Saben que el cielo será el mejor lugar y el más seguro para conocer los resultados de su labor.

Capítulo 10

EL DISCIPULADO Y EL MATRIMONIO

"Hay eunucos que así mismos se hicieron eunucos por causa del reino de los cielos. El que sea capaz de recibir esto que lo reciba" (Mt. 19:12).

Una de las grandes cuestiones que debe enfrentar el discípulo es si Dios le ha llamado a una vida de casado o al celibato. Este es un asunto completamente personal en que el Señor debe guiar a cada individuo. Nadie puede legislar para otro en esto, e interferir en una esfera tan vital es un asunto riesgoso.

La enseñanza general de la Palabra de Dios es que el matrimonio fue instituido por Dios para la raza humana con varios propósitos en vista:

Fue ordenado para compañía y placer. Dios vio que no era bueno que el hombre estuviera solo. (Gn. 2:18).

Su designio es la perpetuación de la raza. Esto lo indica la orden de Dios: "Fructificad y multiplicaos, llenad la tierra" (Gn. 1:28).

Fue instaurado para la preservación de la pureza de la familia y la sociedad. "Pero a causa de las fornicaciones, cada uno tenga su propia mujer y cada una tenga su propio marido" (1 Co. 7:2). No hay nada en la Palabra de Dios que sugiera que el matrimonio es incompatible con la vida de pureza, devoción y servicio a Cristo. En vez de eso se nos recuerda que "honroso sea en todos el matrimonio, y el lecho sin mancilla" (He. 13:4). Se afirma que el que halló esposa halló buena cosa (Pr. 18:22). Las palabras del Predicador pueden aplicarse al matrimonio: Dos son mejor que uno (Ecl. 4:9), particularmente si los dos se han juntado para servir al Señor. La mayor efectividad de la acción unida se sugiere en Deuteronomio 32:30 donde uno vence a mil y dos hacen huir a diez mil.

Sin embargo, aunque el matrimonio es la voluntad de Dios para la raza humana en general, no es necesariamente la voluntad de Dios para cada individuo. Aun cuando puede considerarse como un derecho inalienable, el discípulo de Cristo puede preferir la omisión de este derecho con el fin de entregar más íntegramente su vida al servicio de Cristo.

El Señor Jesús hizo notar que en su reino habría algunos que llegarían a ser eunucos por causa de Cristo. "Pues hay eunucos que nacieron así del vientre de su madre, y hay eunucos que son hechos eunucos por los hombres, y hay eunucos que así mismos se hicieron eunucos por causa del reino de los cielos. El que sea capaz de recibir esto, que lo reciba" (Mt. 19:12).

En definitiva este es un voto voluntario que una persona pronuncia considerando dos factores:

1. Que Dios le haya guiado a permanecer célibe.

2. El deseo de entregarse más completamente a la obra del Señor sin añadir a sus responsabilidades la de la vida familiar.

Debe existir la convicción del llamamiento divino (1 Co. 7:7b). Solamente así puede el discípulo estar seguro que el Señor le dará la gracia necesaria para la continencia.

Segundo, debe ser voluntario. Cuando se abraza el celibato por imposición eclesiástica aumenta el peligro de caer en la impureza y la inmoralidad. El Apóstol Pablo enfatiza el hecho que una persona soltera puede darse más completamente a los negocios del Rey: "Quisiera, pues, que estuvieseis sin congoja. El soltero tiene cuidado de las cosas del Señor, de cómo agradar al Señor; pero el casado tiene cuidado de las cosas del mundo, de cómo agradar a su mujer" (1 Co. 7:32-33). Por eso él expresa el deseo de que el soltero y las viudas queden como él, esto es, sin casarse (1 Co. 7:7-8).

EL DISCIPULADO Y EL MATRIMONIO

Aun para aquellos que ya estaban casados el Apóstol insistía en que la brevedad de la vida y del tiempo exige que todo deba sujetarse a la gran tarea de dar a conocer a Cristo:

"Pero esto digo, hermanos: que el tiempo es corto; resta, pues, que los que tienen esposa sean como si no la tuviesen; y los que disfrutan de este mundo, como si no la disfrutasen; porque la apariencia de este mundo se pasa" (1 Co. 7:29-31).

Esto ciertamente no significa que el hombre debe repudiar sus responsabilidades hogareñas, abandonar a su esposa e hijos, y salir como misionero. Pero sí significa que no debe vivir para los placeres y satisfacciones de la vida de hogar. No debería usar su esposa e hijos como excusas para dar a Cristo el segundo lugar.

Carlos T. Studd temía que su novia estuviera tan enamorada de él que el Señor Jesús no tuviera el primer lugar en la vida de ella. Para evitar esto, compuso un verso para que ella lo recitara diariamente:

Jesús yo Te amo, muchísimo más,
Que lo que a Carlos amaré jamás.

Los comunistas han aprendido a subordinar los asuntos de familia a la gran tarea de conquistar el mundo para su causa. Gordon Arnold Lonsdale es un ejemplo. Después de ser capturado en Inglaterra en 1960 como espía ruso, la policía encontró una carta de su esposa y una respuesta de seis páginas. Su esposa escribió:

"¡Qué injusta es la vida! Entiendo completamente que estás trabajando y este es tu deber; que amas el trabajo y tratas de hacer esto a conciencia. Sin embargo mi razón trabaja con la estrechez femenina y sufro terriblemente. Escríbeme diciendo cuánto me amas y puede ser que me sienta mejor".

Lonsdale replicó, en parte:

"Todo lo que te voy a decir es que tengo una sola vida y que esta no es fácil. Todo lo que quiero es usar mi vida de modo que al considerarla, al mirar hacia atrás no tenga que avergonzarme… Tengo apenas 39 años; ¿es mucho lo que he dejado?"[xvi]

El tiempo es corto, escribía Pablo, sólo queda que los que tienen esposa sean como si no la tuvieran.

La tragedia es que el matrimonio apresurado o equivocado ha sido con frecuencia la herramienta del diablo para descaminar a algún joven discípulo del camino de la mayor efectividad para El. Muchos aspirantes a pioneros han acabado su carrera de servicio absoluto al Señor en el momento en que se casaron.

El matrimonio es un amargo enemigo del cumplimiento de la voluntad de Cristo de que todos oigan su mensaje.

"El casamiento ha sido dado por Dios. Pero cuando se interpone como una barrera a la voluntad de Dios es porque ha sido mal usado. Podríamos nombrar muchos hombres y mujeres, que han tenido un llamamiento definido al campo misionero y que jamás lo hicieron efectivo porque sus cónyuges los retuvieron. Nada, ni siquiera la bendición que es un compañero para toda la vida, debe anteponerse al propósito de Dios en la vida de uno. Hoy hay almas que mueren sin Cristo porque los seres queridos han tomado prioridad a la voluntad de Dios".[xvii]

Es quizá especialmente cierto, en el caso de pioneros, que una vida de celibato es preferible.

"Los hombres y mujeres de la vanguardia a veces necesitan negarse aún las necesidades de la vida, sin mencionar sus placeres más moderados y legítimos. Es su deber soportar penalidades, ser buenos soldados, sin las ataduras de las cosas de esta vida, atletas a los que ningún peso los detiene... Es una vocación, un llamamiento y una ordenación a un servicio especial".[xviii]

"Y cualquiera que haya dejado casas, o hermanos, o hermanas, o padre, o madre, o mujer, o hijos, o tierras, por mi nombre, recibirá cien veces más, y heredará la vida eterna" (Mt. 19:28-29, El Nuevo Testamento Parafraseado por Phillips).

Capítulo 11
CONSIDERANDO EL COSTO

El Señor Jesús nunca trató de engañar a los hombres para que hicieran una profesión de fe de labios. Tampoco trató de conseguir una gran cantidad de seguidores predicando un mensaje popular.

En realidad, cada vez que veía que la gente empezaba a acumularse en pos de él, se volvía y los hacía pasar por el cedazo presentándoles las condiciones más duras del discipulado.

En una de estas ocasiones el Señor advirtió a Sus seguidores que el que quisiera ir en pos de Él debería calcular el costo en primer lugar. Dijo:

"Porque ¿quién de vosotros, queriendo edificar una torre, no se sienta primero y calcula los gastos, a ver si tiene lo que necesita para acabarla? No sea que después que haya puesto el cimiento, y no pueda acabarla, todos los que lo vean comiencen a hacer burla de él, diciendo: Este hombre comenzó a edificar, y no pudo acabar. ¿O qué rey, al marchar a la guerra contra otro rey, no se sienta primero y considera si puede hacer frente con diez mil al que viene contra él con veinte mil? Y si no puede, cuando el otro está todavía lejos, le envía una embajada y le pide condiciones de paz" (Lc. 14:28-32).

Compara aquí Jesús la vida cristiana con una edificación y con una guerra. Es total desatino comenzar a edificar una torre, dijo, a menos que uno se asegure de tener los fondos suficientes para acabarla. De otro modo, la estructura sin terminar permanecerá como un monumento a su falta de previsión.

¡Cuán verdadero es esto! Hacer una decisión para Cristo en el ambiente cálido y emotivo de una campaña evangelística es una cosa, pero es algo completamente diferente negarse a sí mismo, tomar su cruz cada día y seguir a Cristo. Aunque no cuesta nada llegar a ser cristiano, ser un cristiano firme que camina por el sendero del sacrificio, la separación y el sufrimiento por amor a Cristo cuesta todo. Comenzar bien la carrera cristiana es una cosa, pero es algo completamente diferente llevar esta carrera cada día, en mal tiempo y en buen tiempo, en la prosperidad y en la adversidad, en el gozo y en el dolor.

Un mundo de crítica está al acecho. Por algún extraño instinto comprende que la vida cristiana lo depara todo o nada. Cuando ve un cristiano cabal puede despreciarlo, mofarse de él o ridiculizarlo, aunque interiormente sienta un profundo respeto por la persona que valientemente se entrega a Cristo. Pero cuando el mundo ve al cristiano mediocre siente solamente desprecio. Se burla de él diciendo: "Este hombre comenzó a edificar y no pudo acabar. Causó gran conmoción cuando se convirtió, pero no es diferente de nosotros. Comenzó corriendo a gran velocidad pero ahora está marcando el paso". Por eso el Salvador dice: ¡Es mejor que calcules el costo!

Su segunda ilustración se refiere a un rey que iba a declarar la guerra a otro. ¿No sería sensato que primero calculara si sus 10.000 soldados podrían derrotar el ejército enemigo con doble cantidad de soldados? Sería muy absurdo que él declarara primero la guerra, para luego reconsiderar su decisión cuando los ejércitos estuvieran marchando a enfrentarse. Lo único que le quedaría por hacer sería enarbolar la bandera blanca, enviar una embajada proponiendo la rendición, y abyecto arrastrarse en el polvo, humildemente pidiendo condiciones de paz.

No es exageración comparar la vida cristiana con la guerra. Hay fieros enemigos: el mundo, la carne, el diablo. Hay desalientos, derramamientos de sangre y sufrimientos. Hay largas horas de agotadora vigilia, y de anhelar la llegada del día. Hay lágrimas, fatigas y pruebas. Y hay que morir diariamente.

CONSIDERANDO EL COSTO

Cualquiera que quiere seguir a Cristo debe recordar Getsemaní, Gabbata y Gólgota, y entonces calcular el costo. Porque es asunto de absoluta entrega a Cristo o de una derrota lamentable con todo lo que significaría de desgracia y degradación.

Con estas dos ilustraciones el Señor Jesús advirtió a sus oyentes del peligro de hacer una decisión impulsiva a ser sus discípulos. Él podía prometerles persecuciones, tribulaciones y desastres. Ellos debían calcular el costo en primer lugar. Y ¿cuál es el costo? El versículo siguiente contesta: "Así pues cualquiera de vosotros que no renuncia a todo lo que posee, no puede ser mi discípulo" (Lc. 14:33.)

El costo es "todo", todo lo que el hombre tiene y todo lo que es. Esto es lo que significaba para el Salvador cuando lo dijo; no puede su significado ser más liviano para aquellos que quieren seguirle. Si aquel que era rico más que todo lo que podemos imaginar, voluntariamente se hizo pobre, ¿es posible que sus discípulos ganen la corona por un medio menos costoso?

El Señor concluye su discurso con este resumen: "Buena es la sal; más si la sal se hiciere insípida, ¿con qué se sazonará?" (Lc. 14:34).

En tiempos de nuestro Señor, no se disponía de sal pura como tenemos en nuestras mesas actualmente. La sal de ellos contenía diversas impurezas, arena por ejemplo. Era posible que la sal perdiera su sabor. El resto era insípido y sin valor. No se podía usar como tierra, ni como fertilizante. A veces se la usaba para hacer un sendero. De modo que llegaba a "servir más para nada, sino para ser echada fuera y hollada por los hombres" (Mt. 5:13.)

La aplicación de la ilustración es clara. Hay un propósito principal en la existencia del cristiano: glorificar a Dios mediante una vida que se presenta en sacrificio a él. El cristiano puede perder su labor haciendo tesoros en la tierra, proveyendo para su propia comodidad y placer, tratando de ganar fama en el mundo, prostituyendo su vida y sus talentos en un mundo indigno.

Si el creyente yerra el propósito central de su vida, yerra también en todo. Entonces no es útil, no es beneficioso. Su destino es, como la sal insípida, ser hollada bajo el pie de los hombres: por sus burlas, el desprecio y escarnio. Las palabras finales son: "El que tenga oídos para oír, oiga".

Muchas veces el Señor después de haber dicho algo duro, añadía estas palabras. Es como si hubiera sabido que no todos los hombres las aceptarían. Él sabía que algunos mediante explicaciones las invalidarían, tratando de suavizar sus exigencias tan tajantes. Pero también sabía que había corazones abiertos, jóvenes y maduros que se inclinarían ante sus demandas, reconociendo que son dignas de él.

Así es que Él dejó la puerta abierta: "El que tiene oídos para oír, oiga". Los que oyen son aquellos que calculan el costo y después dicen:

He decidido seguir a Cristo;
Aunque solo, yo le seguiré;
El mundo atrás, a Cristo sigo;
No vuelvo atrás, no vuelvo atrás.

Capítulo 12
LA SOMBRA DEL MARTIRIO

Cuando una persona ha dedicado verdaderamente su vida a Cristo, parece que el vivir o el morir les resulta cosa de poca importancia. Todo lo que importa es que el Señor sea glorificado.

Al leer la biografía de los mártires Juan y Betty Stam, Sangre y Semilla, usted encontrará una nota que se repite a través del libro: "como siempre, ahora también será magnificado Cristo en mi cuerpo, o por vida o por muerte" (Fil. 1:20).

El mismo fondo se descubre en los escritos de Jim Elliot. Mientras aún estudiaba en la Universidad de Wheaton, escribió en su diario: "Estoy listo para morir por los Aucas". En otra oportunidad escribió:

"Padre toma mi vida, también mi sangre si así lo quieres, y consúmeme con tu fuego envolvente. Yo no la conservaré, porque no es mía para hacer tal cosa. Tómala toda. Derrama mi vida como oblación por el mundo. La sangre solo tiene valor si fluye ante tu altar".[xix]

Muchos de los héroes de Dios llegaron hasta este mismo punto en sus tratos con Dios. Comprendían que "si el grano de trigo no cae en la tierra y muere, queda solo; pero si muere lleva mucho fruto. (Jn. 12:24). Ellos estaban dispuestos a ser ese grano de trigo. Esta actitud es exactamente la que el Señor enseñó a sus discípulos: "Cualquiera que pierda su vida por causa de mí, la hallará" (Lc. 9:24).

Mientras más pensamos en esto, más razonable nos parece.

EL VERDADERO DISCIPULADO

En primer lugar, nuestra vida de ningún modo nos pertenece. Pertenece a Aquél que nos valorizó con el costo de su sangre preciosa. ¿Podremos egoístamente aferrarnos a lo que es de Otro? C.T. Studd respondió a esta pregunta: "Yo sabía que Cristo había muerto por mí, pero nunca había podido comprender que si Él murió por mí, yo ya no me pertenezco. Redimir significa comprar por segunda vez algo que una vez perteneció al comprador. De modo que si ahora le pertenezco a Él, tengo que decidir entre ser un ladrón y quedarme con lo que no es mío, o entregarlo todo a Dios. Cuando por fin comprendí que Jesucristo murió por mí, no me fue difícil entregarlo todo a Él".

En segundo lugar, pase lo que pase todos tenemos que morir algún día, a menos que el Señor venga antes. ¿Qué será más trágico, morir en el servicio del Señor, o como mero accidente estadístico? ¿No tenía razón Jim Elliot cuando dijo: "No es tonto el que da lo que no puede conservar, para ganar algo que no puede perder"?

En tercer lugar, es lógica irrevocable que si el Señor Jesucristo murió por nosotros, lo menos que nosotros podríamos hacer es morir por El. Si el siervo no es mayor que su Señor, ¿qué derecho tenemos de ir al cielo más cómodamente que el Señor? Esta consideración hizo decir a C.T. Studd: "Si Jesucristo es Dios y murió por mí, ningún sacrificio que yo haga por Él que puede ser demasiado costoso".

Finalmente es un crimen cuidar nuestra vida cuando por medio de su abandono sin riesgo podemos traer bienaventuranza eterna a nuestros semejantes. Ha habido hombres que han ofrecido su vida en interés por las investigaciones de la medicina. Otros han muerto por rescatar seres queridos de edificios en llamas. Aún hay muchos que mueren en guerras por salvar su patria del poder del enemigo. ¿Cuánto vale la vida de los hombres para nosotros? Podemos decir con F.W.H. Myers:

Sólo almas veo caminar a mi alrededor;
Esclavo es el rey, siervo es el vencedor;
Almas que comparten una esperanza vana
¡Ay! contentos con la apariencia mundana.
Entonces, con intensidad insoportable,
Escucho el llamado del Dios adorable.

¡Salva a estos! Sálvalos aunque perezcas
Da tu vida por ellos, menos no ofrezcas.

A todos no se les pide que den su vida como mártires. La espada, el fusil, la cárcel están reservados para unos pocos selectos, relativamente hablando. Pero cada uno de nosotros puede tener espíritu de mártir, el celo de un mártir, la devoción de un mártir. Cada uno de nosotros puede vivir como aquellos que ya han dado sus vidas a Cristo.

En la buena, en la mala,
Con la cruz o la corona,
La tormenta o la bonanza
Mi alma y cuerpo ¡Oh Dios! acepta
Para que hagas con ellos
Tu voluntad perfecta.

Capítulo 13

LAS RECOMPENSAS DEL VERDADERO DISCIPULADO

Una vida que ha sido dedicada al Señor Jesús tiene una profunda recompensa. Hay gozo y placer en seguir a Cristo y eso es vida en su sentido más verdadero.

Nuestro Señor y Salvador dijo repetidas veces: "El que pierde su vida por causa de Mí, la hallará". En realidad, este dicho se halla en los cuatro Evangelios con más frecuencia que cualquier otro dicho Suyo (véase Mt. 10:39, 16:25; Mr. 8:35; Lc. 9:24; 17:33; Jn. 12:25). ¿Por qué se repite tantas veces? Es porque establece uno de los principios fundamentales de la vida cristiana: que una vida guardada para sí es una vida perdida, pero entregar la vida por Cristo es encontrar la vida, es salvarla, es gozarla y guardarla para la eternidad.

Ser un cristiano mediocre solamente asegura una existencia miserable. Estar enteramente consagrado a Cristo es el camino más seguro para llegar a gozar de lo mejor de El. Ser un verdadero discípulo es ser un esclavo de Jesucristo y encontrar en su servicio perfecta libertad. Hay libertad en los pasos de todo aquel que pueda decir "Amo a mi Señor; no saldré libre".

El discípulo no se enreda en asuntos de poca importancia ni en cosas pasajeras. Está preocupado con asuntos eternos, y como Hudson Taylor, goza del lujo de tener pocas cosas que cuidar. Puede ser desconocido, sin embargo bien conocido. Aunque está constantemente muriendo, vive persistentemente. Es castigado, pero no muerto. Aun en la tristeza tiene gozo. Pobre, pero enriqueciendo a muchos. No tiene nada, pero lo posee todo (2 Co. 6:9-10).

Y si se puede decir que la vida del verdadero discipulado es la que más satisfacción espiritual produce en este mundo, también podemos afirmar con certeza que recibirá la más alta recompensa en la vida venidera. "Porque el Hijo del hombre vendrá en la gloria de su Padre con sus ángeles, y entonces pagará a cada uno conforme a sus obras" (Mt. 16:27).

Por lo tanto, el hombre verdaderamente bendecido en el tiempo y en la eternidad es el que puede decir con Borden de Yale: "Señor Jesús, yo saco mis manos en lo que concierne a mi vida. Ocupa Tú el trono de mi corazón. Cámbiame, límpiame, y úsame a elección tuya, como veas mejor".

No es su voluntad...

"No es su voluntad que ninguno perezca".
Jesús entronado en la gloria más excelsa
Vio nuestro mundo pobre, dolorido y caído
Y por ello derramó Su vida compasiva.
Muchos perecen, atestan ya nuestra senda,
Corazones con cargas que no hay quien pueda.
Jesús salvaría, pero nadie les ha hablado
De quien libra de la desesperación y el pecado.

"No es su voluntad que ninguno perezca"
Vestido en carne nuestra con sus penas y dolores,
Vino a consolar y a salvar a los peores,
A sanar al quebrantado y a todo el que padezca.
Muchos perecen, la siega pronto se acaba;
Los obreros son pocos, la noche se acerca;
Jesús te está llamando, Su reto acepta,
Y adornarás tu corona con las almas salvadas.

LAS RECOMPENSAS DEL VERDADERO DISCIPULADO

Mucho para los placeres, poco para Cristo
Tiempo para el mundo con sus placeres vanos.
No hay tiempo para Cristo, para dar al convicto,
La palabra que falta para hacerle cristiano.
Muchos perecen, oíd, nos están llamando:
"El Salvador presentadnos, ¡Ay! de Él habladnos.
Estamos tan cansados, de culpas tan cargados,
Que nada hacer podemos para ser aliviados".

"No es tu voluntad que ninguno perezca:
Siendo seguidor Tuyo, ¿puedo vivir, acaso,
Tranquilo mientras almas se deslizan abajo
Perdidas porque su ayuda no les ofrezco?
¡Oh! Maestro, perdóname, inspírame de nuevo;
Quita la mundanalidad, pon en mi el anhelo
De vivir conforme a lo eterno que no perece.

Capítulo 14

¿DÓNDE ESTÁ TU TESORO?

"No os hagáis tesoros en la tierra...haceos tesoros en el cielo...porque donde esté vuestro tesoro, allí estará también vuestro corazón" (Mt. 6:19-21).

El corazón está donde está el tesoro. Puede estar en una caja fuerte, ¡o puede estar en el cielo! Pero no puede estar en ambos lugares.

Alguien dijo: "El cristiano, o deja su riqueza, o va donde ella está".

El Señor Jesús prohibió a Sus seguidores el hacerse tesoros en la tierra. Él quería que sus corazones estuviesen en el cielo.

Pero hoy en día a mucha gente esta enseñanza de Cristo le parece radical y extremista. ¿Él realmente quería ser entendido así? ¿No nos dice nuestro sentido común, que deberíamos hacer la provisión adecuada para cuando comencemos a envejecer? ¿No espera Él de nosotros que seamos prudentes y que guardemos reservas para el futuro, o "por si a caso"? ¿O para cuidar a nuestros seres queridos?

Estas son preguntas serias, que deben ser afrontadas honestamente y sin rodeos por todos los que profesan ser seguidores de Cristo.

¿Cuáles son las respuestas? ¿Qué enseña la Biblia respecto a la riqueza en la vida del creyente? ¿Está mal acumular una fortuna personal? ¿Cuál es el estilo de vida del cristiano?

Capítulo 15

DILIGENCIA EN EL NEGOCIO

Antes de nada, todos estamos de acuerdo con que la Biblia no prohibe ganar dinero. El Apóstol Pablo trabajaba haciendo tiendas para proveer para sus necesidades personales (Hch. 18:1-3; 2 Ts. 3:8). Enseñó a los tesalonicenses que si alguien no quería trabajar, había que dejarle pasar hambre (2 Ts. 3:10). Sin duda, el énfasis bíblico es que el hombre debe trabajar con diligencia para suplir sus necesidades y las de su familia.

¿Podemos decir, entonces, que un creyente debe ganar todo el dinero que le sea posible? No; tal declaración debe ser aclarada. Puede ganar todo lo que le sea posible, pero con las siguientes condiciones:

(1) No debe permitir que el trabajo preceda a las cosas del Señor. Es su obligación suprema el buscar primeramente el reino de Dios y Su justicia (Mt. 6:33). La adoración y el servicio no deben sufrir por la presión del negocio.

(2) No debe descuidar sus obligaciones familiares (1 Ti. 5:8). Ordinariamente, cuanto más dinero gana uno, menos tiempo tiene para su esposa y para sus hijos. Esto no puede compensarlo dándoles lujo y riqueza abundante; así lo único que consigue es aumentar su decaimiento espiritual y moral. Lo que necesita su familia, mucho más que una gran cuenta bancaria, es el compañerismo y la dirección de un marido y padre piadoso.

(3) Debe ganar el dinero en un negocio de buena reputación (Pr. 10:16). Esto no habría ni que mencionarlo. Sería dudoso que un cristiano emplease su tiempo en la producción, distribución o propagación de comodidades que ponen en peligro la salud o que contribuyen al descenso de la moral. Tampoco debe el cristiano gastar su vida entreteniendo o y proveyendo diversión a gente que está en el camino del infierno. El trabajo debe ser constructivo y para el bien común.

(4) El creyente también debe estar seguro de que está ganando el dinero de una forma honesta (Pr. 20:17). Puede que su negocio sea de bastante confianza, pero que sus métodos sean deshonestos, por ejemplo:

a) Falsificando la declaración de renta, o usando doble contabilidad (Pr. 12:22).

b) Defraudando en los pesos y las medidas (Pr. 11:1).

c) Sobornando a los inspectores locales (Pr. 17:23).

d) Anunciando diferencias en productos, cuando no existen tales diferencias (Pr. 20:6).

e) Falsificando la cuenta de gastos personales (Pr. 13:5).

f) Especulando en el mercado o en la bolsa de valores —simplemente como otra forma de juego (Pr. 13:11).

g) Pagando sueldos inadecuados a los empleados (Pr. 22:16). Contra este abuso Santiago exclama:"He aquí clama el jornal de los obreros que han cosechado vuestras tierras, el cual por engaño no les ha sido pagado por vosotros; y los clamores de los que habían segado han entrado en los oídos del Señor de los ejércitos" (Stg. 5:4).

(5) El cristiano puede ganar tanto dinero como le sea posible sin poner en peligro su propia salud. Su cuerpo es templo del Espíritu Santo (1 Co. 6:19). No debe perder su salud adquiriendo riquezas.

(6) Finalmente, el cristiano puede ganar tanto dinero como le sea posible sin volverse codicioso. Nunca debe llegar a ser un esclavo de Mamón (Mt. 6:24). Es correcto ganar dinero, pero no amarlo (Sal. 62:10).

Para resumir, entonces, un cristiano puede ganar tanto como le sea posible mientras le dé a Dios el primer lugar, cumpla sus obligaciones familiares, trabaje de una manera constructiva, se comporte honestamente, cuide su salud y evite la codicia.

Capítulo 16
TENER PERO NO RETENER

La siguiente pregunta que debemos afrontar es: "¿Está mal acumular dinero?" En todo el Nuevo Testamento la respuesta enfática es Sí.

La Biblia no condena a nadie por ser rico. Una persona puede recibir una herencia y hacerse rico de la noche a la mañana. Pero la Biblia sí que tiene mucho que decirnos acerca de lo que hacemos con nuestras riquezas.

Aquí tenemos lo que enseña la Biblia:

1. Primero, que somos mayordomos de Dios (1 Co. 4:1, 2). Lo cual quiere decir que todo lo que tenemos le pertenece a Él, y no a nosotros mismos. Nuestra responsabilidad es usar Su dinero para Su gloria. La idea de que un 90% es para que lo gastemos nosotros, mientras que el diezmo restante es la porción del Señor, es un concepto erróneo de la mayordomía del Nuevo Testamento. Todo le pertenece al Señor.

2. El segundo punto es que debemos estar contentos con sustento y abrigo. "Así que, teniendo sustento y abrigo, estemos contentos con esto" (1 Ti. 6:8). Aquí la palabra abrigo significa una cubierta, o un techo. Puede referirse a cualquier tipo de abrigo o ropa. Entonces, el versículo dice que debemos estar satisfechos con las necesidades de la vida: comida, vestido y casa. Y al dejarnos estar bajo un techo, el Señor nos permite tener más de lo que Él tuvo cuando estuvo aquí; Él no tenía dónde recostar Su cabeza (Mt. 8:20).

El cristiano que posee un negocio necesitará, por supuesto, un capital fijo y un capital operativo para seguir adelante. Debe tener suficiente para conseguir materias primas, pagar a sus empleados, y abastecer las demás demandas financieras que le salgan al paso día a día. La Biblia no prohíbe al cristiano que tiene un negocio el tener los fondos necesarios para operar.

3. Lo siguiente es que debemos vivir de la manera más económica posible, evitando el malgasto de cualquier tipo. Después de que el Señor Jesús hubo alimentado a los cinco mil, les dijo a Sus discípulos que recogiesen la comida que había sobrado (Jn. 6:12). Su ejemplo nos enseña a conservar las cosas siempre que sea posible.

Compramos muchas cosas innecesarias. Especialmente en la época de Navidad, gastamos una pequeña fortuna en regalos sin valor que pronto encuentran sitio en el altillo o en el trastero, donde no sirven de nada a nadie.

Compramos cosas caras cuando otros productos más baratos nos servirían para lo mismo. (No siempre es verdad que el producto más barato es el mejor que comprar. Debemos pesar el precio, la calidad, el tiempo ahorrado, etc.).

Debemos disciplinarnos para resistir la tentación de comprar todo lo que queremos. Y debemos desarrollar el hábito de vivir frugalmente por causa del Hijo del Hombre.

4. Todo lo que sea por encima de nuestra necesidades debe ser puesto a trabajar para el Señor (1 Ti. 6:8). ¡Recuerda! Todo le pertenece a Él. Nosotros somos Sus mayordomos. Nuestro negocio es hacer que Su causa avance en la tierra, dentro de nuestras posibilidades.

Inmediatamente aparecerá la objeción de que invertir todo aparte de la comida, la ropa y la casa para la obra del Señor es algo temerario, corto de vista, y un derroche.

Bueno, tenemos la historia de una persona que sí que lo hizo. Era una viuda, y echó sus dos blancas en el tesoro del templo. Jesús no le reprochó. Él dijo: "En verdad os digo, que esta viuda pobre echó más que todos (los ricos). Porque todos aquéllos echaron para las ofrendas de Dios de lo que les sobra; más ésta, de su pobreza echó todo el sustento que tenía" (Lc. 21:3, 4).

5. Se nos prohíbe hacernos tesoros en la tierra. Las palabras de la Escritura son claras e inequívocas.

"No os hagáis tesoros en la tierra, donde la polilla y el orín corrompen, y donde ladrones minan y hurtan; sino haceos tesoros en el cielo, donde ni la polilla ni el orín corrompen, y donde ladrones no minan ni hurtan. Porque donde esté vuestro tesoro, allí estará también vuestro corazón" (Mt. 6:19-21).

En lo que nos concierne a la mayoría de nosotros, estos versículos podrían bien no estar en la Biblia. Al menos en teoría creemos que Jesús lo dijo, y que son divinamente inspirados. Pero ni se nos ocurre pensar que se apliquen a nosotros. Así que, en la práctica, no los obedecemos, y resulta que en lo referente a nosotros, es como si el Señor nunca lo hubiese dicho.

Pero la verdad sigue diciendo que es PECADO hacer tesoros en la tierra. Es algo directamente contrario a la Palabra de Dios. Lo que nosotros llamamos prudencia y previsión, realmente es rebelión e iniquidad.

Y todavía es verdad que donde esté nuestro tesoro, allí es donde también estará nuestro corazón. Una vez llevaron al Dr. Johnson a un "tour" en una finca de lujo. Recorrió la mansión y los jardines bien cuidados. Entonces se volvió hacia sus amigos y dijo: "Éstas son las cosas que hacen que morir sea difícil".

6. Finalmente, debemos confiar en Dios en cuanto al futuro. Dios llama a todos a una vida de fe, dependiendo de Él. Nos enseña a orar: "El pan nuestro de cada día, dánoslo hoy" (Mt. 6:11). Por medio de la historia del maná, nos enseña a tener nuestros ojos hacia Él día a día para suplir nuestras necesidades (Éx. 16:14-22). Él mismo es nuestra seguridad; no debemos apoyarnos en las cañas rotas de este mundo.

Ésta, entonces, es la voluntad de nuestro Señor para Su pueblo —que nos demos cuenta de que somos mayordomos de Dios, y que todo lo que tenemos le pertenece; que estemos contentos con lo básico para vivir; que vivamos de la manera más económica posible; que invirtamos todo lo que va más allá de nuestras necesidades para la obra del Señor; que no nos hagamos tesoros en la tierra; y que confiemos en Él en cuanto al futuro.

Capítulo 17
¿QUÉ HAY DE MALO EN ELLO?

Pero, ¿por qué no está bien que un cristiano acumule riqueza y amontone posesiones?

1. Ante todo, está mal porque la Biblia lo dice (Mt. 6:19); esta razón debería bastar. ¿Por qué estuvo mal que Adán y Eva comiesen del fruto del árbol del conocimiento del bien y del mal? Porque Dios así lo dijo. Éste debería ser el punto final para cada uno de nosotros.

2. Pero también está mal porque pasa por alto la inmensa necesidad espiritual del mundo de hoy (Pr. 24:11, 12). Millones de hombres y mujeres, niños y niñas, nunca han oído el evangelio de la gracia de Dios. Hay millones que no tienen una Biblia, o buena literatura evangelística. Hay millones que mueren sin Dios, sin Cristo, sin esperanza.

El tener los medios de extender el evangelio y no usarlos es una forma de fratricidio espiritual (Ez. 33:6).

Y también da un claro testimonio de la falta singular del amor de Dios en el corazón del acumulador. Porque "el que tiene bienes de este mundo y ve a su hermano tener necesidad y cierra contra él su corazón, ¿cómo mora el amor de Dios en él?" (1 Jn. 3:17).

Cuando dos leprosos hambrientos del Antiguo Testamento se encontraron con un gran abastecimiento de comida, después de satisfacer su propia hambre, corrieron para compartir con otros lo que habían hallado (2 R. 7:9). ¿Mostrarán los cristianos bajo la gracia menos compasión que los leprosos bajo la ley?

3. Está mal amontonar dinero porque es cruel e insensible hacia la enorme necesidad física del mundo (Pr. 3:27, 28; 11:26). Al hombre rico de Lucas 16 le importaba muy poco el mendigo que estaba a su puerta. Si simplemente se hubiese acercado a la ventana y hubiese corrido la cortina, podía haber visto un verdadero caso de necesidad, un objeto digno de gastar un poco de su dinero. Pero no le importó.

El mundo está lleno de Lázaros. Están en nuestras puertas. Y Jesús nos dice: "Amarás a tu prójimo como a ti mismo" (Mt. 22:39).

Si rehusamos oírle ahora, quizá oiremos como un día nos dice: "Tuve hambre, y no me disteis de comer; tuve sed, y no me disteis de beber ... en cuanto no lo hicisteis a uno de estos más pequeños, tampoco a mí lo hicisteis" (Mt. 25:42, 45).

4. Está mal que un cristiano se haga tesoros en la tierra porque provoca a los enemigos de Dios a blasfemar (Ro. 2:24). Esto mismo es lo que provocó a Voltaire a que dijera: "Cuando se trata de dinero, todos los hombres son de la misma religión".

A muchos inconversos les son familiares las enseñanzas de Jesús. Saben que Él enseñó que debemos amar a nuestro prójimo. Ven una evidente incoherencia cuando aquellos que profesan seguir a Jesús se permiten el lujo de hogares magníficos, coches lujosos, comidas epicúreas, y ropas costosas.

¡Ya es hora de que la iglesia se despierte! ¡Intenta hablarles a los jóvenes educados de todo el mundo, y escucha cómo critican a la cristiandad! No se oponen a las éticas de Jesús, pero se oponen violentamente a las riquezas de algunas iglesias, y de los llamados cristianos ricos en un mundo de pobreza aplastante.

El dinero seduce y arrastra malas amistades. ¡Que la iglesia escuche!

5. Pero no sólo nos preocupa el efecto que esto produce en los incrédulos. También pensamos en el efecto que esto tiene sobre los jóvenes cristianos.

Ellos observan el ejemplo de sus ancianos. Importa más lo que hacemos que lo que decimos. Demostramos cómo vemos los valores, no tanto por el mensaje misionero conmovedor que damos el domingo, sino por la meta que perseguimos desde el lunes hasta el viernes.

Los jóvenes juzgan la realidad de nuestro peregrinar por la consideración valorada de nuestra "tienda". No les impresionan las apasionadas solicitudes de fondos para la obra de Dios por aquellos que podrían suplir la necesidad con un trazo del bolígrafo.

Si gastamos nuestras vidas en la acumulación de riqueza, no nos debe sorprender que los jóvenes sigan nuestro ejemplo. Y no olvidemos nunca la advertencia del Señor Jesús: "Imposible es que no vengan tropiezos; mas ¡ay de aquel por quien vienen! Mejor le fuera que se le atase al cuello una piedra de molino y se le arrojase al mar, que hacer tropezar a uno de estos pequeñitos" (Lc. 17:1, 2).

6. Otra razón por la que es pecado acumular riqueza es porque es robar a Dios (Mal. 3:8). Ya hemos visto que todo lo que tenemos le pertenece a Él. Si no podemos usarlo directamente para el avance de Sus intereses, deberíamos pasárselo por lo menos a aquellos que pueden. Guardarlo envuelto en un pañuelo es inexcusable (Lc. 19:20-26).

7. Fallar en la obediencia al Señor en el asunto de la mayordomía financiera nos cierra porciones de la Biblia (Mt. 6:22, 23). Nos cegamos ante pasajes que son tan sencillos.

Es un giro extraño de la naturaleza caída, pero es verdad. "Cuanto más lejos esté algo del centro de nuestras vidas—como por ejemplo los temas de física y matemáticas—menos se verá afectada nuestra conclusión por las deformaciones pecaminosas de nuestra naturaleza". Cuanto más cerca nos lleve un estudio a nuestra responsabilidad personal hacia nuestro Creador, la naturaleza pecaminosa buscará más cegar nuestra mente ante verdades que no queremos creer, y nos animará a aferrarnos a alguna hipótesis que parece como si nos aliviara de esa responsabilidad".1

En relación a esto Harrington C. Lees escribió:

"La parte más sensible del hombre civilizado es su bolsillo, y una de las batallas más encarnizadas que el predicador debe librar es cuando su predicación toca los bolsillos de sus oyentes".

Los pasajes que hablan de negarse a uno mismo parecen de poca relevancia cuando vivimos como los "reposados en Sión" (Am. 6:1-6).

Y, por supuesto, no podemos enseñar con eficacia pasajes que nosotros mismos no hayamos obedecido.

Así que una de las maldiciones que trae la desobediencia, al igual que en las demás áreas, es una Biblia mutilada (Mt. 13:14, 15).

8. La acumulación de riquezas hace que la vida de fe sea prácticamente imposible. ¿Por qué? Porque es casi imposible tener riquezas y no confiar en ellas. El hombre que tiene dinero no sabe cuánto está dependiendo de él.

"Las riquezas del rico son su ciudad fortificada, y como un muro alto en su imaginación" (Pr. 18:11).

Depende del dinero para resolver todos sus problemas, para darse disfrute presente y seguridad futura. Si lo perdiese todo repentinamente, se quedaría sin apoyo y sin muletas, y en un estado de pánico.

La verdad es que preferimos confiar en el saldo de una cuenta bancaria que podemos ver, que en un Dios que no podemos ver. El mero pensamiento de no tener a nadie o nada más que a Dios en quien confiar basta para producir un colapso nervioso.

"Dejados en Sus manos, no creemos estar seguros; mientras que si tuviésemos nuestra fortuna en nuestras propias manos, y estuviésemos asegurados en contra de riesgos y cambios por unas pocas seguridades cómodas, nos sentiríamos bastante seguros. Este sentimiento es, sin duda, muy general; todos nosotros estamos en peligro de caer en esta forma de inquieta desconfianza en la providencia paternal de Dios". — Samuel Cox.

La voluntad de Dios es que nuestras vidas sean "una crisis perpetua de dependencia en Él". Cuando nos hacemos tesoros en la tierra, frustramos Su voluntad en nuestras vidas.

La vida de fe es la única que agrada a Dios; sin fe es imposible agradarle (He. 11:6).

La vida de fe es la única que tiene verdadera seguridad. "...Es por fe ... a fin de que la promesa sea firme" (Ro. 4:16).

Y porque no hay nada tan seguro como la promesa de Dios, sigue que la vida de fe es una vida libre de preocupaciones. Los altibajos nerviosos y emocionales surgen del materialismo y del egoísmo, no de estar andando con Dios por la fe.

La vida de fe es la única que da toda la gloria a Dios. Cuando andamos por vista, glorificamos la perspicacia y sabiduría humana.

La vida de fe habla con poder a los incrédulos y a otros cristianos. Da testimonio a todos de que hay un Dios en el cielo Quien responde la oración.

La fe es lo contrario de la vista; cuando ves, no puedes confiar.

Acumular riqueza hace que la vida de fe sea imposible.

La vida de fe no sigue automáticamente cuando una persona se convierte. Requiere acción deliberada de su parte. Y esto es verdad especialmente en una sociedad de consumo. El creyente debe colocarse en una posición que le lleva a confiar en Dios. Esto puede hacerlo vendiendo todo lo que tiene y dándolo a los pobres. Sólo cuando se deshaga de sus reservas y otros falsos apoyos podrá verdaderamente lanzarse a la profundidad, como dijo el Señor: "boga mar adentro..." (Lc.5:4).

9. No sólo eso; sino que también es una deshonra para nuestro Señor el que nosotros estemos reinando como reyes en un mundo donde Él sigue siendo rechazado y donde Sus siervos son perseguidos. Pablo ilustró a los corintios como si estuviesen sentados en los asientos más caros del estadio con coronas en sus cabezas, y vistiendo ropas de las más caras. Al mismo tiempo, ilustró a los apóstoles en la arena, listos para ser devorados por las bestias salvajes.

"¡Oh, ya sé que sois ricos y prósperos! ¿No habéis estado viviendo como reyes mientras nosotros estábamos fuera? En Dios quisiera que fueseis realmente reyes a los ojos de Dios, para que reinásemos nosotros con vosotros.

A veces pienso que Dios quiere que nosotros, los mensajeros, aparezcamos los últimos en la procesión de la raza humana, como los hombres que van a morir en la arena. Pues sin duda nosotros somos hechos espectáculo público ante los ojos de los ángeles del Cielo y de los hombres. Se nos mira como a necios, por causa de Cristo, pero vosotros sois sabios en la fe cristiana. Somos considerados débiles, pero vosotros sois fuertes; habéis hallado honor, nosotros poco más que menosprecio. Hasta este mismo momento tenemos hambre y sed, estamos mal vestidos, somos maltratados y prácticamente sin hogar. Todavía tenemos que trabajar con nuestras manos para sustentarnos. Los hombres nos maldicen, pero devolvemos bendición; Hacen que nuestras vidas sean miserables, pero lo tomamos con paciencia. Manchan nuestra reputación, pero nosotros seguimos intentando ganarles para Dios. Somos el desperdicio del mundo, la escoria de la tierra, sí, hasta este mismo día" (1 Corintios 4:8-13; Traducido del Nuevo Testamento parafraseado por Philips).

Los corintios estaban reinando como reyes antes de que Cristo mismo fuese coronado. En los actos de coronación, es una señal irrespetuosa que las figuras más bajas se pongan sus tiaras antes de que el monarca sea coronado.

10. Acumular fortuna es directamente contrario al ejemplo del Señor Jesús. Él era infinitamente rico, sin embargo se hizo pobre voluntariamente para enriquecernos a nosotros a través de Su pobreza (2 Co. 8:9).

En el lenguaje original del Nuevo Testamento, hay dos palabras que se traducen por pobre. Una significa la condición de un hombre trabajador que no tiene más que lo esencial para vivir. La otra significa desamparado o desprovisto de riqueza. La segunda es la que Pablo usa para describir al Señor Jesús.

¿Cuántos de nosotros estamos dispuestos y deseosos de seguir a Jesús durante todo el camino?

11. Otro mal de las riquezas es que son perjudiciales para la vida de oración. Donde toda necesidad material es provista, ¿para qué orar?

Más seria es la hipocresía de pedir a Dios que haga cosas que nosotros mismos podemos hacer. Por ejemplo, cuán a menudo como creyentes pedimos a Dios que provea de fondos para ciertos proyectos cuando nosotros mismos tenemos y podríamos hacer una ofrenda y proveer de ese dinero sin retraso. Pero desgraciadamente, muy a menudo el propio dinero del Señor no le es disponible a Él mismo, debido a que Sus mayordomos lo quieren para sí.

12. Finalmente, está mal que los cristianos acumulen riqueza porque esto puede animar a otros a hacerse cristianos con la esperanza de llegar a ser ricos.

La pobreza de los cristianos primitivos era una ventaja, no un inconveniente:

¿QUÉ HAY DE MALO EN ELLO?

"Una religión que trastornara al mundo entero, mientras que sus primeros predicadores eran todos hombres pobres, sólo podía venir del cielo. Si los Apóstoles hubiesen poseído dinero que dar a sus oidores, o si hubiesen sido seguidos por ejércitos para asustarles, un incrédulo bien pudiera haber dicho que no había nada de maravilloso en su éxito. Pero la pobreza de los discípulos de nuestro Señor cortaba tales argumentos de debajo de los pies del incrédulo. Con una doctrina casi inaceptable para el corazón humano, sin nada para sobornar o imponer la obediencia—unos pocos galileos trastornaron el mundo entero, y cambiaron la cara del impero romano. Sólo hay una causa que pueda justificar esto. El Evangelio de Cristo, el cual proclamaban estos hombres, era la verdad de Dios". —J. C. Ryle.

Gilmour de Mongolia escribió:

"Si voy entre ellos con riqueza, estarán mendigando continuamente, y quizá me tendrán más como una fuente de regalos que como otra cosa. Si no llevo nada más que el Evangelio, no habrá nada que distraiga su atención del don inefable".

Pedro y Juan se encontraron con un cojo pobre en la puerta hermosa del templo. Cuando les pidió una limosna, Pedro le dijo: "No tengo plata ni oro, pero lo que tengo te doy; en el nombre de Jesucristo de Nazaret, levántate y anda" (Hch. 3:6).

Puede que alguien diga que los predicadores tienen que ser pobres, pero no necesariamente todos los cristianos. Pero, ¿dónde enseña la Biblia una diferencia de norma económica para los predicadores y para los demás, para los misioneros y para los que se quedan en casa?

Capítulo 18

EL CASO DE LAS CUENTAS CONGELADAS

Ya hemos tratado bastante acerca de las razones del por qué está mal que un cristiano amontone riqueza. Ahora debemos ver los argumentos que se usan comúnmente para justificar a creyentes que han ahorrado dinero para su futuro y el futuro de sus familias.

1. El primer argumento reza así: Sólo es razonable que apartemos un poco de dinero para cuando seamos viejos. ¿Qué nos pasará cuando ya no podamos trabajar? Debemos siempre anticiparnos al día de mañana. Lo que Dios espera de nosotros es que usemos el sentido común.

Este razonamiento parece convincente, pero no es así el lenguaje de la fe. Las reservas son muletas y apoyos que se convierten en sustitutos de la confianza en el Señor. No podemos confiar cuando podemos ver.

Una vez que decidimos proveer para nuestro futuro, nos metemos en estos problemas. ¿Cuánto será bastante? ¿Por cuánto tiempo viviremos? ¿Habrá una depresión? ¿Habrá una inflación? ¿Tendremos que pagar facturas grandes e inesperadas? (gastos médicos, averías, reparaciones, etc.)

Es imposible saber cuánto será bastante. Por lo tanto, gastamos nuestra vida amontonando riqueza para proveer para unos cortos años de retiro. Mientras tanto, hemos robado a Dios y nuestra propia vida ha sido gastada buscando seguridad donde no la podíamos encontrar.

Cuánto mejor es trabajar diligentemente para nuestras necesidades corrientes, servir al Señor al máximo, poner todo lo que va más allá de las necesidades presentes para la obra del Señor, y confiar en Él en cuanto al futuro. A aquellos que le ponen a Él en primer lugar, ha prometido:

"...todas estas cosas os serán añadidas" (Mt. 6:33).

Y a los filipenses, que estaban usando el dinero del Señor para la extensión de la verdad, Pablo escribió:

"Mi Dios, pues, suplirá todo lo que os falta conforme a sus riquezas en gloria en Cristo Jesús" (Fil. 4:19).

Hay una tragedia indescriptible en la filosofía corriente de dar la vida para la adquisición de riqueza con la esperanza de dar el tiempo de la jubilación al Señor. Esto significa dar lo mejor de tu vida a una corporación, y después darle la colilla al Señor. Y aún entonces, la colilla es bien incierta. A menudo ésta se acaba antes de que dé tiempo de quitarle el polvo a la Biblia.

Parece que sea de sentido común el proveer para el día de mañana. Pero la verdad del asunto fue bien declarada por Cameron Thompson: "Dios derrama Sus más escogidas bendiciones sobre aquellos cuyo anhelo es que nada se les pegue en las manos. Los individuos que valoran el día de mañana más que la presente agonía del mundo, no recibirán ninguna bendición del Señor".

2. Un segundo argumento que se usa para justificar el hacerse tesoros en la tierra se basa en 1 Timoteo 5:8: "Porque si alguno no provee para los suyos, y mayormente para los de su casa, ha negado la fe, y es peor que un incrédulo".

En este pasaje, Pablo está tratando con el cuidado de las viudas de la iglesia. Declara que los familiares cristianos de una viuda tienen la responsabilidad de cuidarle. Si no tiene ningún familiar para que le cuide, entonces la iglesia es la que debe hacerlo.

Pero lo importante que debemos ver aquí es que Pablo no está hablando de apartar fondos para apoyar a una viuda en el futuro. Más bien está hablando de sus necesidades cotidianas. Los cristianos deben cuidar a los familiares desamparados día a día; si no lo hacen, están negando de una manera práctica la fe cristiana que enseña el amor y la generosidad. Aun los incrédulos cuidan de los suyos. El creyente que no lo hace, por lo tanto, es peor que los incrédulos.

El versículo no dice nada de libretas de ahorros, reservas, seguros, o cuentas de inversiones. Trata acerca de las necesidades corrientes, y no de obligaciones futuras.

3. El tercer argumento se parece bastante al segundo. Muchos padres cristianos sienten que el dejar una herencia para sus hijos forma parte de su responsabilidad. Sienten que esto forma parte de lo que quiere decir "proveer para los suyos" (1 Ti. 5:8). No importa si los hijos son creyentes o no; el profundo deseo es dejarles un nido respetable, y colocarlos bien en la vida ("criarlos, casarlos y colocarlos").

A veces se usa 2 Corintios 12:14 para enseñar a los padres que deben ahorrar dinero para poder dejárselo a sus hijos. El pasaje dice:

"...pues no deben atesorar los hijos para los padres, sino los padres para los hijos".

El contexto inmediato está tratando con el tema del apoyo financiero de Pablo. Él no había aceptado ningún dinero de los corintios, sino que había sido apoyado por las ofrendas de otras iglesias mientras predicaba en Corinto (2 Co. 11:7, 8). Ahora estaba preparado para volver a Corinto, pero les aseguró que no les sería una carga (12:14), esto es, que no dependería de ninguna ayuda financiera de parte de ellos. A él no le interesaban sus posesiones materiales, sino su bienestar espiritual.

Es aquí cuando él añade: "...pues no deben atesorar los hijos para los padres, sino los padres para los hijos".

Los corintios eran los hijos y Pablo era el padre (1 Co. 4:15). Les estaba diciendo—obviamente con ironía—que no debían apoyarle, sino que más bien era él quien tenía que hacerlo. Lo dijo con ironía, pues ellos debían contribuir apoyándole (1 Co. 9:11, 14), pero él escogió renunciar al derecho en su caso.

Lo importante que debemos ver es que este pasaje no tiene nada que ver con ahorrar para el futuro, por si a caso. Ésta no era la cuestión, sino que era un asunto de necesidades cotidianas. Pablo les estaba diciendo: "Después de todo, generalmente los hijos no proveen para los padres; son los padres los que proveen para los hijos".

Ciertamente la práctica de preparar una herencia para los hijos no encuentra ningún apoyo en el Nuevo Testamento. El mayor legado que los padres pueden dejar a sus hijos es el legado espiritual, pero la preocupación de ganar dinero es lo que más impide la provisión para esta herencia.

Y pensemos en los males que han surgido de los legados financieros que han dejado los cristianos.

a. Muchos jóvenes se han arruinado espiritualmente por haber recibido riquezas repentinamente. Se han intoxicado con el materialismo y el placer, y se han estropeado para el servicio de Cristo.

b. Pensemos también en los conflictos que se han levantado en familias pacíficas como resultado de testamentos y herencias. La hermana ha tenido celos de la hermana, y el hermano del hermano. A veces se pelean y nadie quiere ceder sus "derechos" y perder la parte que le toca, de modo que las riñas amargas han continuado por años y generaciones, provocadas por una herencia.

Tenemos la historia de una riña familiar por una herencia en Lucas 12:13, 14. Jesús rehusó involucrarse en ello; Él no había venido al mundo para ese tipo de trabajo. Pero aprovechó aquella oportunidad para darle un severo aviso contra la codicia del infeliz que no había sido nombrado en el testamento.

c. Luego nos encontramos con esta situación. Los padres trabajan duro durante toda su vida para poder dejar algo a sus hijos. Después se vuelven mayores y débiles, una preocupación para su familia. Y los hijos desagradecidos no pueden casi ni esperar a que se mueran sus padres para echar mano del dinero.

d. El dinero dejado a hijos inconversos o a un hijo o hija creyente casado con un inconverso, a menudo ha llevado a una secta, o una iglesia mundana, y se ha usado para la supresión del evangelio en vez de usarse para su propagación. ¡Piensa en esto! ¡El dinero de creyentes utilizado para luchar en contra de la Verdad!

e. Y entonces debemos pensar en las enormes cantidades de dinero que se lleva el gobierno con los impuestos hereditarios, y los abogados con los gastos legales. Todo esto se podría haber invertido para la salvación de almas.

f. Algunos cristianos intentan evitar algunos de estos males dejando su dinero a organizaciones paraeclesiales. Pero nada garantiza que este dinero llegará a tales organizaciones. Los testamentos son rotos y rebatidos constantemente. Y aun sin tener esto en cuenta, ni las organizaciones ni la práctica de dejar el dinero a ellas tiene apoyo de las Escrituras. Tales organizaciones no son bíblicas, ni se dejan gobernar o dirigir bíblicamente, así que no es seguro que sigan leales al Señor y a Su Palabra cuando sea legalizado el testamento.

Los creyentes no serán recompensados por lo que dejen en un testamento. En el mismo minuto en que mueren, el dinero deja de ser suyo; se convierte en la propiedad de su patrimonio.

Los hombres amontonan riquezas y no saben quién las recogerá (Sal. 39:6). La única manera de saber que tu dinero habrá sido usado para el Señor es darlo mientras vives. Y ésta es la única manera de obtener una futura recompensa.

Decimos que creemos en la venida inminente del Señor Jesús. Si es así, entonces debemos darnos cuenta de que cuanto más se acerca Su venida, menos valor tienen nuestras posesiones materiales. Cuando Él venga, nuestra riqueza no tendrá ningún valor para nosotros o para la obra de Dios. Así que lo mejor es invertir nuestras posesiones para la obra del Señor Jesús AHORA.

4. Pero entonces surge este argumento: "Si todos dan todo viviendo modestamente para la obra del Señor, ¿cómo viviríamos? ¡Alguien se tiene que quedar con el bagaje!"

¿Cómo viviríamos? La respuesta es: "¡Más por fe y menos por vista!"

Y no sirve de nada argumentar con que no funcionaría, pues funcionó en los días de la iglesia primitiva.

"Todos los que habían creído estaban juntos, y tenían en común todas las cosas; y vendían sus propiedades y sus bienes, y lo repartían a todos según la necesidad de cada uno" (Hch. 2:44, 45).

"Así que no había entre ellos ningún necesitado; porque todos los que poseían heredades o casas, las vendían, y traían el precio de lo vendido, y lo ponían a los pies de los apóstoles; y se repartía a cada uno según su necesidad" (Hch. 4:34, 35).

Al escribir a los corintios, Pablo enseñó que nuestras posesiones materiales deberían ser fluidas, no congeladas. Cuando nos damos cuenta de una verdadera necesidad, nuestros fondos deberían fluir para abastecer esta necesidad. Y si en el otro caso algún día nosotros estuviésemos en necesidad, los fondos fluirían hacia nosotros. De esta manera habría una igualdad constante entre el pueblo de Dios.

"Porque no digo esto para que haya para otros holgura, y para vosotros estrechez, sino para que en este tiempo, con igualdad, la abundancia vuestra supla la escasez de ellos, para que también la abundancia de ellos supla la necesidad vuestra, para que haya igualdad, como está escrito: El que recogió mucho, no tuvo más, y el que poco, no tuvo menos" (2 Co. 8:13-15).

En otras palabras, cualquiera que haya vivido realmente de una manera devota para el Señor y haya sido fiel en la mayordomía de sus posesiones, los demás creyentes deben estar deseosos y contentos de compartir con él en caso de que surgiese la necesidad.

Si somos honestos con nosotros mismos, debemos admitir que el pensamiento de depender de otros nos parece repugnante. Estamos orgullosos de nuestra independencia. Pero, ¿no es esta una manifestación del egoísmo en vez de la vida del Señor Jesús en nosotros?

Las instrucciones de Pablo para el cuidado de las viudas en 1 Timoteo 5:3-13 presuponen una iglesia donde el amor de Dios se derrama en los corazones humanos, donde los santos ejercen un cuidado mutuo los unos por los otros, y donde el dinero encuentra vía libre para las verdaderas necesidades que existan.

Y si se contendiera que aunque funcionó en la iglesia primitiva, no funcionaría hoy, la respuesta es sencillamente la siguiente: Es que está funcionando hoy. Es que hay cristianos que están viviendo esta vida de fe. Y es que hay un poder y una atracción en sus vidas que no se puede negar.

5. Pero alguno objetará: "¿No dijo Pablo: 'Sé vivir humildemente y sé tener abundancia' (Fil. 4:12)?" El que hace esta pregunta, obviamente se imagina al Pablo humilde vagando por un desierto vacío, hambriento, sediento, cansado, andrajoso y con zapatos viejos. Y ve a Pablo en abundancia como un joven bronceado bajándose de su coche

convertible al lado de la zona vacacional de la playa, vestido a la última moda, y preparado para disfrutar de dos semanas buenas. En otras palabras, Pablo podía llevar una vida dura, o podía vivir por lo alto.

Pero eso no es exactamente lo que Pablo está diciendo en su carta a los filipenses. Debemos recordar que esa carta fue escrita desde la PRISIÓN, no desde la zona vacacional de la playa. Y escribiendo desde la prisión, dijo:

"Pero todo lo he recibido, y tengo abundancia; estoy lleno, habiendo recibido de Epafrodito lo que enviasteis..." (Fil. 4:18).

Nosotros pensamos que el tiempo en la prisión iría en el capítulo de VIVIR HUMILDEMENTE, pero es que Pablo lo pone en el capítulo de la ABUNDANCIA. Por lo tanto, no tenemos ningún derecho a usar Filipenses 4:12 para justificar vidas de riqueza y lujo. Esto no es lo que enseña el versículo.

6. Bien, entonces, ¿qué del versículo que dice que Dios nos da todas las cosas en abundancia para que las disfrutemos? (1 Ti. 6:17). Éste se cita a menudo como una prueba bíblica de que el creyente debe disfrutar "las cosas buenas de la vida", lo cual significa que está bien permitirse el gusto de lo último y lo mejor. Su lema es: "Nada es demasiado bueno para el pueblo de Dios".

Pero de nuevo olvida el contexto. Démonos cuenta de cómo comienza el versículo: "A los ricos de este siglo manda que no sean altivos, ni pongan la esperanza en las riquezas, las cuales son inciertas..." En otras palabras, lejos de ser una excusa para darse lujos y permitirse gustos, encontramos las palabras en un pasaje que está pregonando un mandato solemne a los ricos.

Bueno, ¿qué significa entonces que Dios nos da todas las cosas para disfrutarlas? Quiere decir que Él no nos da estas cosas para acumularlas; Él quiere que las DISFRUTEMOS compartiéndolas con los demás. Esto está claro por los dos versículos que vemos a continuación:

"Que hagan bien, que sean ricos en buenas obras, dadivosos, generosos; atesorando para sí buen fundamento para lo por venir, que echen mano de la vida eterna" (1 Ti. 6:18, 19).

El disfrute de las riquezas no se encuentra en poseerlas sino en usarlas para la gloria de Dios y para el bien de los demás.

7. Entonces se nos recuerda a menudo que Abraham era un hombre rico (Gn. 13:2), y que aun así fue llamado amigo de Dios (Stg. 2:23). Esto es, por supuesto, verdad, pero debemos recordar que Abraham vivió en el periodo del Antiguo Testamento donde la prosperidad material era prometida a los que obedecían al Señor. Las riquezas eran una señal de la bendición de Dios.

¿Es así en la dispensación de la gracia de Dios? Sería más apropiado decir que la adversidad es la bendición de este periodo.

En la parábola de Lázaro y el hombre rico (Lc. 16:19-31), los valores del Antiguo Testamento fueron cambiados. El hombre rico fue condenado porque en vez de usar sus riquezas para los demás, las acumuló para sí mismo.

8. ¿Pero no se nos enseña a aprender lecciones de la hormiga?

"Ve a la hormiga, oh perezoso, mira sus caminos, y sé sabio; la cual no teniendo capitán, ni gobernador, ni señor, prepara en el verano su comida, y recoge en el tiempo de la siega su mantenimiento" (Pr. 6:6-8).

¿No muestra esto que la hormiga hace provisión para su futuro? ¿No se nos exhorta a seguir su ejemplo respecto a esto? Sí, pero lo importante es recordar que mientras el futuro de la hormiga está en esta tierra, el futuro del cristiano está en el cielo. El creyente es peregrino y extranjero aquí; su hogar está arriba, y debe estar haciéndose un tesoro para el futuro.

Pero en lo que concierne a esta vida, tiene prohibida la ansiedad en cuanto al mañana—qué comerá o qué vestirá (Mt. 6:25). En vez de esto, se le exhorta a imitar a los pájaros, que no tienen graneros al lado del nido; pero nuestro Padre celestial les alimenta. Y el argumento es, que si Dios cuida de los gorriones, ¡cuánto más se cuida de nosotros!

9. Un argumento final es el de que uno debe ser rico para alcanzar a los ricos. A los cristianos de la iglesia primitiva no se les ocurrió esto. "La historia relata que los cristianos primitivos, muchos de ellos, estaban tan deseosos de llevar el evangelio de Cristo por doquier, que se alquilaban como siervos o se vendían como esclavos, para ser admitidos en las casas de los ricos y de los paganos, para vivir allí, y así tener la oportunidad de hablar en esos hogares del amor de Jesús y de Su salvación" (de COME YE APART, por J. R. Miller).

Capítulo 19
¿QUÉ DICE LA BIBLIA?

Ahora ya hemos discutido los argumentos principales que se usan para justificar a los cristianos que viven en riquezas en un mundo donde prevalece la pobreza desmoralizadora.

En gran contraste a esos pocos y débiles argumentos, hay muchas porciones de la Palabra que nos advierten del peligro de las riquezas.

1. "El hombre de verdad tendrá muchas bendiciones; Mas el que se apresura a enriquecerse no será sin culpa. Se apresura a ser rico el avaro, y no sabe que le ha de venir pobreza" (Pr. 28:20, 22).

La búsqueda frenética de riquezas materiales es indigna de uno que ha sido creado a la imagen y semejanza de Dios.

2. "Ninguno puede servir a dos señores; porque o aborrecerá al uno y amará al otro, o estimará al uno y menospreciará al otro. No podéis servir a Dios y a las riquezas" (Mt. 6:24).

Dios y el dinero se nos presentan aquí como dos señores cuyos intereses son tan opuestos que es imposible servir a ambos. Esto descarga un golpe mortal al deseo de vivir para dos mundos, ser rico ahora y ser rico después, disfrutar de riqueza aquí abajo y ser recompensado por esto arriba. Jesús dijo que no puedes tener ambas cosas; debes elegir una u otra.

3. "Entonces Jesús dijo a sus discípulos: De cierto os digo, que difícilmente entrará un rico en el reino de los cielos. Otra vez os digo, que es más fácil pasar un camello por el ojo de una aguja, que entrar un rico

en el reino de Dios. Sus discípulos, oyendo esto, se asombraron en gran manera, diciendo: ¿Quién, pues, podrá ser salvo? Y mirándolos Jesús, les dijo: Para los hombres esto es imposible; mas para Dios todo es posible" (Mt. 19:23-26).

Me pregunto si consideramos estas palabras de Jesús con suficiente seriedad. No dijo que era difícil que un rico entrase en el reino de Dios; dijo que es humanamente imposible.

Algunos intentan explicar que el ojo de una aguja era una puerta pequeña y estrecha en la puerta de la ciudad. Los camellos tenían que ser descargados de sus bultos y tenían que agacharse para pasar por ella. La explicación se ha hecho popular, pero está equivocada. En verdad la aguja de la que habla el Señor aquí es de una aguja de coser, y ningún camello puede pasar por ese ojo. No habla de algo difícil, sino de algo imposible.

Sólo un milagro especial de poder divino puede capacitar a un rico para entrar en el reino. ¿Por qué, entonces, luchamos tanto para defender lo que es un obstáculo para el bienestar eterno del hombre?

4. "Mas ¡ay de vosotros, ricos! Porque ya tenéis vuestro consuelo" (Lc. 6:24).

Aquí el Santo Hijo de Dios pronunció un "ay" sobre los ricos. Y aquí la palabra no puede más que tomarse literalmente. No puede significar nada más que ricos. ¿Por qué entonces intentamos bendecir a quien Dios no ha bendecido?

5. "Vended lo que poseéis, y dad limosna; haceos bolsas que no se envejezcan, tesoro en el cielo que no se agote, donde ladrón no llega, ni polilla destruye. Porque donde está vuestro tesoro, allí estará también vuestro corazón" (Lc. 12:33, 34).

Estas palabras fueron dichas a los discípulos (ver el versículo 22). Intentamos evitarlas diciendo que no fueron dichas para nosotros. ¿Por qué no? Al resistirnos a estos versículos, lo único que hacemos es resistirnos a una bendición. Cuán completamente de acuerdo está con esta dispensación de gracia el vender nuestras posesiones valiosas—nuestros diamantes y otras joyas, nuestras pinturas originales, nuestros muebles anticuarios, nuestra plata esterlina, nuestras colecciones de sellos—y poner las ganancias para trabajar en la salvación de almas por todo el mundo.

¿Dónde está nuestro corazón? ¿Está en el sótano del banco local? ¿O está en el cielo?

"Donde está tu tesoro, allí estará también tu corazón".

6. "Jesús, oyendo esto, le dijo: Aún te falta una cosa: vende todo lo que tienes, y dalo a los pobres, y tendrás tesoro en el cielo; y ven, sígueme. Entonces él, oyendo esto, se puso muy triste, porque era muy rico" (Lc. 18:22, 23).

Se nos dice constantemente que el joven rico era un caso especial, y que bajo ningún concepto fue dado para todos el mandamiento de venderlo todo. Aunque esto fuese así, la enseñanza no es sustancialmente diferente a la que encontramos en el pasaje que acabamos de considerar (Lc. 12:33, 34).

7. "Pero gran ganancia es la piedad acompañada de contentamiento; porque nada hemos traído a este mundo, y sin duda nada podremos sacar. Así que, teniendo sustento y abrigo, estemos contentos con esto. Porque los que quieren enriquecerse caen en tentación y lazo, y en muchas codicias necias y dañosas, que hunden a los hombres en destrucción y perdición; porque raíz de todos los males es el amor al dinero, el cual codiciando algunos, se extraviaron de la fe, y fueron traspasados de muchos dolores. Mas tú, oh hombre de Dios, huye de estas cosas, y sigue la justicia, la piedad, la fe, el amor, la paciencia, la mansedumbre" (1 Ti. 6:6-11).

Pablo advirtió que aquellos que codician el dinero son traspasados de muchos dolores. ¿A qué dolores se refiere?

a) Primero está la preocupación que acompaña invariablemente a la riqueza. "Al rico no le deja dormir la abundancia" (Ec. 5:12). Las riquezas que se supone que deberían dar seguridad, realmente traen todo lo contrario—constante temor a los ladrones, o bajadas en la bolsa, o inflación, etc.

b) Segundo, está el dolor de ver a los hijos arruinados espiritualmente por la sobreabundancia de las cosas materiales. Pocos son los hijos de cristianos ricos que continúan adelante por el Señor.

c) Y está la amargura de que las riquezas te fallen justo cuando más las necesitas.

d) La persona rica nunca sabe cuántos amigos tiene. Puede que esto pa_ rezca cierta contradicción con Proverbios 14:20, que dice: "El pobre es odioso aun a su amigo; pero muchos son los que aman al rico". Pero, ¿le aman verdaderamente—o simplemente hacen el papel por razones egoístas?

e) Inevitablemente, las riquezas no satisfacen el corazón del hombre (Ec. 2:8, 11), sino que crean un deseo incesante de tener más (Ec. 4:8; 5:10).

f) Finalmente, la abundancia tiene a menudo efectos adversos en el carácter de la persona, produciendo orgullo (Pr. 28:11) y tratos duros (Pr. 18:23; Stg. 2:5-7), por ejemplo.

Matthew Henry nos recuerda: "la palabra hebrea que se traduce "riquezas" significa "pesado"; y las riquezas son un peso—un peso de preocupación consiguiéndolas, un peso de temor conservándolas, un peso de tentación, un peso de dolor, y un peso al tener que dar cuentas por ellas al final".

8. "A los ricos de este siglo manda que no sean altivos, ni pongan la esperanza en las riquezas, las cuales son inciertas, sino en el Dios vivo, que nos da todas las cosas en abundancia para que las disfrutemos. Que hagan bien, que sean ricos en buenas obras, dadivosos, generosos; atesorando para sí buen fundamento para lo por venir, que echen mano de la vida eterna" (1 Ti. 6:17-19).

En estos versículos se nos dice que "mandemos a los ricos...." ¿Y cuántos siervos de Dios cumplen esta comisión? ¿Cuántos de nosotros hemos mandado esto a algún rico? La mayoría de nosotros casi ni hemos oído un mensaje acerca de este versículo. Y quizá nunca se ha necesitado este mensaje revolucionario tanto como ahora.

Para predicar el mensaje, primero debemos obedecerlo nosotros mismos. Si en lugar de vivir por fe estamos viviendo por la vista, no podemos decir a los demás que no se hagan tesoros en la tierra. La vida sella los labios.

Dios está buscando hombres de la estirpe profética que hablen Su Palabra sin temor, a pesar de las consecuencias. Hombres como Amós exclamaron:

"Oíd esta palabra, vacas de Basán, que estáis en el monte de Samaria, que oprimís a los pobres y quebrantáis a los menesterosos, que decís a vuestros señores: Traed, y beberemos. Jehová el Señor juró por su santidad. He aquí, vienen sobre vosotras días en que os llevarán con ganchos, y a vuestros descendientes con anzuelos de pescador, y saldréis por las brechas una tras otra, y seréis echadas del palacio, dice el Señor" (Am. 4:1-3).

O hombres como Hageo, que tronaron:

"¿Es para vosotros tiempo, para vosotros, de habitar en vuestras casas artesonadas, y esta casa está desierta?" (Hag. 1:4).

Por supuesto, los profetas nunca fueron populares. Su presencia era una vergüenza para sus contemporáneos. Se les presionaba financieramente y se les condenaba al ostracismo socialmente. A veces eran perseguidos, y si no había nada más que pudiese silenciarlos, se les mataba. Pero no importaba; preferían decir la verdad que vivir una mentira.

El materialismo y la abundancia están impidiendo que el poder espiritual sea derramado sobre la iglesia hoy. El avivamiento nunca llegará mientras los creyentes estén reinando como reyes. ¿Quién se levantará y llamará al pueblo de Dios a que vuelva a la vida de fe y sacrificio?

¿Quién les mostrará cómo echar mano de la vida eterna (1 Ti. 6:19)? "La única vida real es vivir en la luz de la eternidad—usar todo lo que poseemos para promover la gloria de Dios y con un ojo en la mansión eterna. Esto, y sólo esto es la vida en serio" –C. H. Mackintosh.

9. "Pero el que es rico (gloríese), en su humillación; porque él pasará como la flor de la hierba. Porque cuando sale el sol con calor abrasador, la hierba se seca, su flor se cae, y perece su hermosa apariencia; así también se marchitará el rico en todas sus empresas" (Stg. 1:10-11).

Al rico no se le dice que se gloríe en sus riquezas, sino en cualquier cosa que le humille. ¿Por qué? Porque las riquezas perecen como la hierba, mientras que las experiencias y lecciones espirituales son de valor eterno.

10. "¡Vamos ahora, ricos! Llorad y aullad por las miserias que os vendrán. Vuestras riquezas están podridas, y vuestras ropas están comidas de polilla. Vuestro oro y vuestra plata están enmohecidos; y su moho testificará contra vosotros, y devorará del todo vuestras carnes como fuego. Habéis acumulado tesoros para los días postreros. He

aquí, clama el jornal de los obreros que han cosechado vuestras tierras, el cual por engaño no les ha sido pagado por vosotros; y los clamores de los que habían segado han entrado en los oídos del Señor de los ejércitos. Habéis vivido en deleites sobre la tierra, y sido disolutos; habéis engordado vuestros corazones como en día de matanza. Habéis condenado y dado muerte al justo, y él no os hace resistencia" (Stg. 5:1-6).

Aquí el Espíritu de Dios clama contra la acumulación de riqueza (v. 3), contra el ganar dinero a costa de no pagar sueldos justos (v. 4), contra la vida de lujuria (v. 5), y contra el tomar ventaja sobre personas inocentes que no pueden hacer resistencia (v. 6).

No es necesario argüir acerca de si estos versículos fueron escritos para creyentes o incrédulos. Podríamos resumir diciendo: "Si el zapato es tu número, ¡póntelo!"

11. "Porque tú dices: Yo soy rico, y me he enriquecido, y de ninguna cosa tengo necesidad; y no sabes que tú eres un desventurado, miserable, pobre, ciego y desnudo. Por tanto, yo te aconsejo que de mí compres oro refinado en fuego, para que seas rico, y vestiduras blancas para vestirte, y que no se descubra la vergüenza de tu desnudez; y unge tus ojos con colirio, para que veas. Yo reprendo y castigo a todos los que amo; sé, pues, celoso, y arrepiéntete" (Ap. 3:17-19).

Éste es el mensaje final del Señor a las iglesias; Sus palabras cortantes a la iglesia en Laodicea. Realmente, no necesitan explicación. Sabemos lo que significan. Y sabemos que tienen una aplicación particular para nosotros. Lo único que falta es nuestra obediencia.

UNA ADVERTENCIA A LOS PEREZOSOS

Siempre existe el peligro de que un escrito como este se use como una excusa para la indolencia. Puede que alguien que le tenga aversión al trabajo lea esto y diga: "Esto es lo que yo siempre he creído".

Bien, este mensaje no es para los perezosos o para los que piensan que el mundo (o la iglesia) les debe la vida. Dios tiene un mensaje diferente para personas de este tipo: "Sal de la cama y ponte a trabajar" (ver 2 Ts. 3:6-12).

Este mensaje no es para soñadores, sino para personas serias, industriosas y que trabajan duro. Aquellos que proveen diligentemente para las necesidades presentes de su familia, y que viven ante todo para los intereses del Señor Jesús pueden confiar en Dios para el futuro.

UNA ADVERTENCIA EN CUANTO AL JUZGAR

Hay otro peligro que debe evitarse. Es el peligro de ir a revisar y condenar a individuos por sus posesiones materiales. No debemos juzgar así a otros, ni cuestionar su devoción al Señor, simplemente porque tienen más que nosotros. Esto sería envidia disfrazada de espiritualidad.

Una cosa es declarar los principios de la Palabra de Dios acerca de las riquezas, y otra cosa es recorrer el hogar de un cristiano, hacer un rápido inventario mental, y menear el dedo acusándole.

Todos somos responsables de oír lo que Dios dice, y entonces de hacer la aplicación para nuestras propias vidas. Las necesidades corrientes de una familia grande serán, obviamente, mayores que las de un soltero.

No siempre es posible decirle a otra persona lo que significará para ella ser obediente a los mandamientos del Señor. Como mayordomos, cada uno de nosotros debe dar cuentas a Dios por sí mismo, no por los demás.

¡Que el Señor nos libre de tener un espíritu áspero, criticón y censurador hacia otros individuos!

CONCLUSIÓN

Según la Palabra de Dios, parece estar claro que los creyentes deben estar satisfechos con sustento, abrigo y techo; que deben ser diligentes en proveer de estas necesidades cotidianas para sus familias; y que todo lo que exceda debe ir para la obra de Dios. No deben intentar proveer para su propia seguridad futura, sino confiar en el Señor. El gran objetivo de su vida debe ser servir al Señor Jesucristo; todo lo demás debe estar subordinado a esto.

Esta es la vida que enseñan los Evangelios, practicada en los Hechos de los Apóstoles y expuesta en las Epístolas. El ejemplo supremo es el del Señor Jesucristo mismo.

Pero puede surgir la pregunta: "¿Cómo puedo poner esto en práctica en mi vida? ¿Qué debo hacer?"

1. Lo primero que debemos hacer es darnos enteramente al Señor (2 Co. 8:5). Cuando Él nos tiene, es seguro que Él tiene también nuestras posesiones.

2. Entonces, cuando el Señor ponga el dedo en diferentes áreas de nuestra vida, debemos responder inmediatamente. ¿Quizá pondrá incomodidad en nuestros corazones al comer en restaurantes caros? ¿O al gastar dinero en equipamiento deportivo? Puede que mientras miramos al coche tan caro, último modelo, Él nos muestre la posibilidad de comprar uno más modesto, y usar la diferencia para la extensión del evangelio. Puede que Él revolucione la ropa de nuestro armario, para vestirnos con la coraza de justicia. O puede que nos indique un cambio de empleo que sea menos demandante. Puede que perdamos el amor a un hogar tan caro y pensemos en mudarnos a otro más barato.

Cuando Dios empiece a hablarnos acerca de estas cosas, lo sabremos. Será tan claro que rechazarlo será clara desobediencia

3. Lo tercero es: "¡Haced todo lo que os dijere!" (Jn. 2:5). Puede que tus amigos no te entiendan. O que tus familiares te reprochen. Habrá repercusiones. Tú sencillamente sigue a Jesús, y deja las consecuencias en Sus manos.

4. Invierte todo lo que exceda a las necesidades diarias para la obra de Dios. Ora para pedir dirección. Pídele que te muestre dónde deberías mandarlo. ¡Él lo hará!

Que el Señor nos permita ver en nuestras vidas y en nuestra generación una vuelta a esta clase de devoción cristiana. Como John Wesley oró:

"¡Oh, que Dios me diese lo que anhelo! Que antes de que me vaya y no sea visto más, pueda ver a un pueblo enteramente dedicado a Dios, crucificado al mundo, y el mundo crucificado a ellos. ¡Un pueblo rendido verdaderamente a Dios en cuerpo, alma y sustancia! Cuán alegremente podría decir entonces: 'Ahora, Señor, despide a tu siervo en paz'".

Capítulo 20

DIOS VALORA LAS COSAS ROTAS

Generalmente cuando una cosa se rompe, su valor disminuye o desaparece del todo. Los platos rotos, las botellas rotas y los espejos rotos son generalmente desechados. Aún un golpe en un mueble o una mancha en la ropa reducen significativamente su valor de reventa.

Pero no es así en el reino espiritual. Dios aprecia las cosas rotas, y en particular a las personas quebrantadas. Es por eso que podemos leer versículos tales como:

"Cercano está el Señor a los quebrantados de corazón, y salva a los contritos de espíritu" (Sal. 34:18).

"Los sacrificios de Dios son el espíritu quebrantado; al corazón contrito y humillado no despreciarás tú, oh Dios" (Sal. 51:17).

Dios sabe cómo rechazar el orgullo y la soberbia, pero no puede rechazar a la persona humilde y arrepentida.

"Dios resiste al orgulloso pero da gracia al humilde" (Stg. 4:3).

Hay algo en nuestro quebrantamiento que mueve Su compasión y poder.

"Por lo tanto, parte de su maravilloso propósito para nuestras vidas, es que seamos quebrantados. Quebrantados de corazón, de espíritu y de todo nuestro ser" (2 Co. 4:16-18).

Capítulo 21
LA CONVERSIÓN COMO UNA FORMA DE QUEBRANTAMIENTO

Somos incorporados al proceso del quebrantamiento antes de nuestra conversión cuando el Espíritu Santo comienza su trabajo de convencernos de pecado. Él debe conducirnos al punto donde tengamos voluntad de confesar que estamos perdidos, indignos, merecedores únicamente del infierno. Nosotros peleamos cada paso del camino, pero Él continúa luchando, hasta que nuestro orgullo se hace añicos, nuestra lengua jactanciosa es silenciada y toda resistencia desaparece. Postrados al pie de la cruz finalmente susurramos: "Señor Jesús, sálvame". La arpía ha sido sometida, el pecado dominado, el potro ha sido domado. Por naturaleza ésta es una criatura sin ley. Ante la menor sugerencia de freno, o de una silla, se levantará, saltará, brincará y pateará. Puede ser un hermoso y bien proporcionado animal, pero entre tanto no sea domado, será inútil en todo lo referente a servicio.

Entonces viene el doloroso y prolongado proceso de doblegar la voluntad del potro, para que se someta a los arneses. Una vez conquistada la voluntad del animal, por una voluntad superior, él encontrará la verdadera razón de su existencia. En relación con esto, nos es bueno recordar que el Señor Jesús fue un carpintero en Nazaret, y como tal debe haber hecho yugos de madera. Alguien ha sugerido hermosamente, que si hubiese habido un cartel sobre la puerta de su taller, aquél hubiese dicho: "Mis Yugos Ajustan Bien". Nuestro divino Señor aún es constructor de yugos y Él nos dice: Llevad mi yugo sobre vosotros, y aprended de mí, que soy manso y humilde de corazón; y hallaréis descanso para vuestras almas, porque mi yugo es fácil y ligera mi carga" (Mt. 11:29-30).

Sin embargo, los yugos son solamente para aquellos que están quebrantados y sumisos. Nuestras voluntades deberán estar sometidas y rendidas antes de que podamos aprender de Cristo, quien era manso y humilde de corazón. Debemos transformarnos a semejanza de Él, y solamente al hacerlo hallaremos descanso para nuestras almas,

ELEMENTOS DEL QUEBRANTAMIENTO

Estas cosas nos traen a algunas preguntas básicas: ¿Qué significa en realidad el quebrantamiento? ¿Cómo se manifiesta en la vida de un creyente? ¿Cuáles son algunos de sus elementos básicos?

1. Arrepentimiento, Confesión y Disculpa

Probablemente una de las primeras cosas en que pensamos es la disposición para confesar el pecado a Dios y a aquellos que hemos ofendido. No trata de barrer "la basura bajo la alfombra". No trata de olvidar, con la excusa que "el tiempo borra todo". Corre a la presencia de Dios y exclama: "he pecado" y luego, yendo a cualquiera que haya sido lastimado por sus acciones, le dice: "He hecho mal, estoy arrepentido, le ruego que me perdone". Si bien por un lado siente la quemante vergüenza de tener que pedir disculpas, por el otro conoce el gran alivio de una conciencia limpia y de andar "en la luz".

La verdadera confesión no disimula el pecado ni disminuye su realidad. No es como aquella patrona impenitente que decía con altivez: "Si yo he hecho algo malo, estoy dispuesta a ser perdonada", ni como aquellos que dicen: "si en algo te he ofendido, pido perdón", lo cual no es una confesión. Tampoco dice: "me tienes que perdonar", porque si está quebrantado ha dejado de demandar y entonces suplica con humildad. El arrepentimiento genuino dice: "He hecho mal y estoy aquí para decir que lo lamento". Toma el lugar bajo, admite tu culpa sin implicar a otros, y humildemente pide que te perdone.

LA CONVERSIÓN COMO UNA FORMA DE QUEBRANTAMIENTO

La vida de David se oscureció por el pecado y fracaso, pero lo que lo hizo amado al corazón de Dios, fue su profunda penitencia. En los Salmos 32 y 51 repasamos con él sus transgresiones, pecado e iniquidad. Le vemos durante la época en que se negaba a arrepentirse. Su vida entonces era miserable tanto física así como mental y espiritualmente. Nada le salía bien; parecía que todo estaba desencajado. Finalmente él fue quebrantado, se confesó a Dios y Él le perdonó. Entonces las campanas empezaron a sonar nuevamente y David recuperó su canción.

En el Nuevo Testamento el apóstol Pablo nos da una ilustración del quebrantamiento. Fue en el momento en que apareció ante los principales del Sanedrín en Jerusalén. Cuando afirmó haber vivido siempre en buena conciencia, el sumo sacerdote se enfureció y ordenó que el prisionero fuese golpeado en la boca. El apóstol replicó: "Dios te golpee a ti, pared blanqueada. ¿Estás sentado para juzgarme según la ley, y sin embargo en contra de ella, ordenas que me golpeen?" (Hch. 23:3).

Los que oían fueron conmovidos por la violenta represión de Pablo. ¿No sabía él que estaba hablando con el sumo sacerdote? En realidad el apóstol no lo sabía. Tal vez Ananías no estaba vistiendo sus ropajes oficiales, o la mala vista de Pablo le falló. Cualquiera fuese la razón, él no tenía intención de hablar contra la autoridad debidamente constituida. Por lo tanto, de inmediato pidió disculpas por sus palabras citando Éxodo 22:23, "No maldecirás a los que gobiernan tu pueblo". El apóstol se quebrantó fácilmente, y demostró su madurez espiritual en su disposición a decir: "Estaba equivocado, lo lamento".

2. La Restitución

Íntimamente relacionado con este primer aspecto del quebrantamiento, está la pronta restitución cuando fuera necesaria. Si he robado, dañado o lastimado a alguien o si alguno ha sufrido pérdida por causa de mi mal comportamiento, no basta con pedir disculpas. La justicia exige que la pérdida sea reparada. Esto se aplica tanto a lo que sucedió antes de mi conversión como a aquello que sucedió después.

Cuando Zaqueo recibió al Señor Jesús, recordó algunas de las trampas que había hecho como cobrador de impuestos. Un instinto divino le enseñó inmediatamente que aquellos errores debían ser corregidos. Entonces él dijo: "Señor, si en algo he defraudado a alguien, le devolveré los cuatro tantos". Aquel "si" no expresa ninguna duda o indecisión. La idea es ésta: en todos los casos en que yo haya defraudado a alguien de alguna cosa, le devolveré los cuatro tantos". Su determinación de restituir fue el fruto de su conversión. Los "cuatro tantos" fueron la medida de la vitalidad de su nueva vida.

Hay situaciones en las cuales es imposible hacer restitución. Tal vez los registros han sido destruidos o la cantidad exacta ha sido olvidada con el paso del tiempo. Dios sabe todo esto. Todo lo que Él desea es que paguemos lo que debemos siempre que sea posible.

Esto deberá ser hecho siempre en el nombre del Señor Jesús. No hay gloria para el Señor en ello, si solamente digo: "Yo robé esto, lo lamento, vengo a restituirlo". La acción deberá acompañarse con un testimonio de Cristo, tal como: "Recientemente he recibido al Señor Jesucristo como mi Salvador por medio de la fe. El Señor me ha estado hablando sobre unas herramientas que yo he robado hace cinco años. He venido para pedir disculpas y devolver las herramientas". Cada acto de justicia o de bondad que hace un creyente, debe asociarse con un testimonio para el Salvador, de modo que la gloria sea para Él y no para nosotros mismos.

3. Un Espíritu Perdonador

El tercer elemento del quebrantamiento es la disposición para perdonar cuando hemos sido dañados. En muchos casos esto necesita tanta gracia de Dios como el pedir disculpas o el restituir.

En verdad, el Nuevo Testamento es notablemente claro en sus instrucciones sobre la forma de perdonar a otros. En principio, en cualquier ocasión en que hayamos sido dañados, deberíamos de inmediato perdonar a la persona en nuestro corazón (Ef. 4:32). Aunque no vayamos de inmediato a decirle que le hemos perdonado, en nuestros corazones realmente lo hemos perdonado.

"En el momento que un hombre me hace daño, debo perdonarlo, y entonces mi alma queda libre. Si yo devuelvo el daño en su contra, peco contra Dios y contra él y comprometo el perdón de Dios para conmigo. No importa que aquella persona se arrepienta, se enmiende, me pida perdón o no. Yo lo he perdonado de inmediato. Ella deberá dar cuenta a Dios con el pecado que ha cometido pero eso es cosa de ella y de Dios, salvo la ayuda que según Mateo 18:5, etc., yo debo darle, sea que tal ayuda tenga éxito o no, y aún antes de comenzar con ella, yo tengo que perdonarlo". Lenski.

Hay una multitud de pequeños daños que pueden ser perdonados y olvidados de inmediato. Es una verdadera victoria cuando podemos hacerlo. "El amor no lleva a cuenta del mal, ni mira con satisfacción las impiedades de los demás" (1 Co. 13:7). Cierta vez preguntaron a una señora creyente: "¿No recuerda las cosas desagradables que aquella cotorra le dijo?" Su respuesta fue: "No solamente no recuerdo, sino que recuerdo claramente haber olvidado lo que me dijo".

Si el daño es de mayor magnitud y uno siente que sería injusto dejarlo pasar, entonces el paso siguiente es ir al responsable y hablarle sobre el asunto (Mt. 18:15). Si se arrepiente, debemos perdonarlo. "Y si pecare contra ti siete veces en el día y dijere siete veces que se arrepiente, tú debes perdonarlo" (Lc. 17:4).

Es justo que nosotros estemos dispuestos siempre a perdonar. ¿Qué menos, ya que nosotros hemos sido y estamos siendo perdonados innumerables veces?

Observemos que no hay que ir y contar a todos acerca de la falta del ofensor, lo cual es algo que casi invariablemente hacemos. "Ve y habla con él sobre su falta, entre tú y él solamente". La actitud obvia es por lo tanto mantener estas diferencias lo más secretas posibles.

Tan pronto como el hermano ofensor confiese su pecado, dile que le has perdonado. Ya le habías perdonado en tu corazón pero ahora también debes administrarle el perdón personal. Pero, supongamos que él no quiere arrepentirse. Entonces, según Mateo 18:16, "toma contigo uno o dos más para que cada palabra sea confirmada con la evidencia de dos o tres testigos", Si él rehúsa escuchar a los dos o tres testigos, entonces el asunto deberá ser elevado a la comunidad cristiana local. El propósito de todo esto no es la venganza ni el castigo, sino la restauración del hermano ofensor. Si este esfuerzo final fracasara, entonces él deberá ser considerado como un gentil o publicano. En otras palabras, no deberás tratarlo en el futuro como a un hermano de la iglesia. Como él no actúa como creyente, deberás aceptarlo en su propio campo. Pero tan pronto como se arrepienta, debes perdonarlo y restaurar la comunión por completo.

Dios aborrece el espíritu no perdonador, la determinación de llevar el odio hasta la tumba, la falta de voluntad de hacer "de lo pasado, pasado". Esto está enseñado fuertemente en la parábola del siervo deudor (Mt. 18:23-25). Cuando él mismo fue a la quiebra, el rey le perdonó de una deuda millonaria, pero él no tuvo voluntad de perdonar a un compañero por una suma minúscula. La lección es clara: ya que Dios nos perdonó cuando estábamos con una deuda impagable, nosotros debemos también perdonar a los demás, porque sus deudas en relación con la nuestra son insignificantes.

4. Soportar los daños sin vengarse

Otro de los aspectos del quebrantamiento es la humildad de espíritu, que aprende a sufrir por hacer el bien, sin desquitarse. Aquí por supuesto nuestro Señor es el máximo ejemplo: "Quien cuando le maldecían, no respondía, sino encomendaba la causa al que juzga justamente" (1 P. 2:23).

Todos hemos sido llamados a ese estilo de vida. "Si alguno a causa de la conciencia delante de Dios, sufre molestias padeciendo injustamente, esto merece aprobación. Pues ¿qué gloria es si pecando sois abofeteados y lo soportáis? Mas sí haciendo lo bueno sufrís y lo soportáis, esto ciertamente es aprobado delante de Dios" (1 P. 2:19-20).

En su libro FROM GRACE TO GLORY ("De la Gracia a la Gloria"), Murdoch Campbell nos recuerda que la esposa de Juan Wesley hizo de su vida una prueba de fuego. Por horas ella solía "arrastrarlo de sus cabellos por el suelo", mas el fundador del Metodismo nunca pronunciaba una palabra dura contra ella. Campbell cuenta también de un piadoso pastor escocés casado con una mujer semejante. Un día estaba sentado en su pieza leyendo la Biblia, cuando ella abriendo la puerta con violencia, entró y le arrancó el libro, tirándolo en el fuego. Él, mirándola en la cara le dijo: "nunca me he sentado ante un fuego tan agradable". Esta respuesta disipó la ira y marcó el comienzo de una vida nueva y llena de virtudes. Su "Jezabel" se transformó en una "Lidia", la espina se convirtió en lirio.

LA CONVERSIÓN COMO UNA FORMA DE QUEBRANTAMIENTO

"Un gran santo de Dios dijo: 'La marca de la profunda y verdadera humildad es el vernos a nosotros mismo condenados sin causa, y permanecer en silencio. Guardar silencio ante insultos y prejuicios es una noble imitación de nuestro Señor. ¡Oh Señor, cuando recuerdo en cuántas maneras Tú sufriste lo que en ninguna manera merecías, ni sé dónde están mis sentidos cuando me enardezco en las defensas y disculpas de mí mismo! ¿Es posible que yo pueda desear que alguien hable o piense bien de mí, cuando tantas cosas malvadas fueron dichas y pensadas sobre Tí'" (LIVING PATIENTLY, "Viviendo Pacientemente", por J. Allen Blair, págs. 353-354)

5. Devolviendo Bien por Mal

Un avance adicional en la vida de quebrantamiento es no solamente soportar el daño con paciencia, sino también retribuir cada uno de ellos con bondad.

"No paguéis a nadie mal por mal; procurad lo bueno delante de todos los hombres. Así que si tu enemigo tuviere sed, dale de beber; si tuviere hambre, dale de comer; pues, haciendo esto, ascuas de fuego amontonarás sobre su cabeza. No seas vencido de lo malo, sino vence con el bien el mal" (Ro. 12:17-21).

Aquí siempre recuerdo aquel elefante que estaba siendo conducido en una calle de la India por su dueño.. El hombre llevaba una caña, con una aguda punta metálica para mantener la pesada bestia en movimiento. En un momento aflojó su mano y la caña cayó al suelo con estruendo. El sufrido animal, girando su cabeza, levantó la caña con su trompa y le entregó a su dueño. Si los elefantes pudieran ser cristianos, ciertamente éste sería uno.

6. Estimando a los demás como superiores a nosotros

Hay una marca del quebrantamiento que consiste en estimar a los demás como mejores que uno mismo (Fil. 2:3). Esto lo vernos ilustrado en un incidente de la vida de Abraham (Gn. 13:1-13). Él y Lot habían regresado de Egipto al Neguev y luego a Betel, con sus familiares y posesiones. Ambos tenían grandes manadas y rebaños, y pronto se desarrolló una disputa entre sus pastores, acerca de las tierras de pastura. En aquel momento Abraham, levantándose dijo: "Mira, Lot, nosotros no vamos a quebrar nuestro compañerismo por unos pocos fardos de forraje; elige el pastizal que quieras, y yo llevaré mis animales a alguna otra parte". Entonces Lot eligió las fértiles tierras y pastoreo del valle del Jordán, peligrosamente próximas a Sodoma. Abraham de gran corazón se movió hacia el interior de Canaán. Así un santo del Antiguo Testamento, viviendo antes de Pentecostés, nos dio una lección práctica sobre lo que quería significar Pablo cuando escribió: "Amaos, los unos a los otros con amor entrañable, y en cuanto a honra, prefiriéndose los unos a los otros" (Ro. 12:10).

7. Pronta Obediencia

Pero lo anterior no es todo. Dios quiere que estemos quebrantados para aceptar y obedecer Su voluntad. El Salmista lo dice resueltamente: "No seáis como el caballo o como el mulo, sin entendimiento, que han de ser sujetados con cabestro y con freno, mas de otra forma no se acercan a ti" (Sal. 32:9).

La tendencia de un caballo brioso es pasar sobre todo, mientras que la mula simboliza la testarudez e intransigencia. Tenemos ambos peligros en relación con la voluntad de Dios. Es posible avanzar, sin una clara dirección, correr sin haber sido enviados y también es posible resistir tercamente la clara dirección del Señor. Jonás es un ejemplo. No había dudas sobre lo que Dios quería que hiciese. El fue llamado para ir a predicar arrepentimiento a Nínive. Pero él aún no estaba quebrantado. Entonces se embarcó y navegó en la dirección opuesta. Solamente su experiencia terrible en el estómago del gran pez pudo preparar su espíritu para obedecer. Entonces avanzó en la comprobación de que después de todo, la voluntad de Dios es buena, agradable y perfecta (Ro. 12:2).

Tenemos una sorprendente figura del sometimiento, en aquel potrillo que Jesús montó cuando descendía a Jerusalén (Lc. 19:29-35). Hasta ese momento ningún hombre le había montado jamás y podría haberse esperado una vigorosa resistencia a cualquier intento de hacerlo. Pero cuando el Salvador se aproximó el animal experimentó un milagro de quebrantamiento instantáneo. La voluntad del potro se sometió por completo a la voluntad del Creador. La arcilla en manos del alfarero es una buena descripción de cuanto una persona quebrantada es en las manos del Señor; moldeable y obediente a la presión de los dedos. Entonces la oración diaria de sumisa santidad es:

"¡Haz lo que quieras de mí, Señor! Tú el alfarero, yo el barro soy;
Dócil y humilde anhelo ser, ¡Cúmplase siempre en mí Tu querer.
¡Haz lo que quieras de mí, Señor! Mírame y prueba mi corazón;
Lávame y quita toda maldad, Para que pueda contigo estar.
¡Haz lo que quieras de mí, Señor! Cura mis llagas y mi dolor.
Tuyo es ¡Oh Cristo! todo poder; Tu mano extiende y sanaré.
¡Haz lo que quieras de mí, Señor! Dueño absoluto sé Tú de mí.
Del Paracleto dame la unción. Y el mundo a Cristo pueda en mí ver".

8. Muerte a la Opinión Publica

Hay muchos otros aspectos del quebrantamiento, por ejemplo, la necesidad de ser llevados al punto en el cual estemos muertos al aplauso o la reprobación del mundo. Después que W.P. Nicholson se convirtió, quedó bajo la tutela de un oficial del Ejército de Salvación. Un día el oficial le dijo: "Si deseas trabajar para el Señor, lleva este cartel durante algunas horas por el centro de la ciudad". En el cartel se podía leer: "Muerto a la opinión pública". Esta experiencia tuvo un profundo efecto en toda su valiente vida de servicio para Cristo.

CONFESANDO LOS PECADOS DE LOS OTROS COMO LOS NUESTROS PROPIOS

Necesitamos estar suficientemente quebrantados como para poder confesar los pecados de otros hermanos, como si fueran nuestros. Esto fue lo que hizo Daniel (Dn. 9:3-19).

Él no era personalmente culpable de la mayoría de los pecados que detalló. Pero se identificó tan estrechamente con la nación de Israel que los pecados de ellos vinieron a ser "sus pecados". En esto hacemos memoria de Aquel que "tornó nuestras culpas y pecados y los hizo los suyos propios".

La lección para nosotros hoy es que en vez de criticar a otros creyentes y levantar el dedo acusador, deberíamos confesar sus pecados como si tales pecados fueran nuestros.

MANTENER LA CALMA EN LAS CRISIS

Un aspecto final del quebrantamiento incluye el equilibrio y ecuanimidad en las crisis de la vida. Cuando ocurre un atraso inevitable, la reacción natural es irritarse y perder los estribos. Interrupciones en la rutina diaria a menudo provocan fastidios e irritación. Cuan fácilmente problemas mecánicos y accidentes nos disgustan e incluso nos descontrolan totalmente. Cambios de programa y disgustos tienen el efecto de exponer lo peor de nosotros mismos. El furor, el enojo, la ira y la histeria que todas estas cosas despiertan, son ruinosas para el testimonio cristiano. La forma de actuar del quebrantamiento es mantenerse calmo durante las crisis, sabiendo que Dios gobierna todas las circunstancias de la vida para sus propósitos. La goma pinchada puede ser una bendición disfrazada, salvándonos de un accidente futuro en la ruta. El visitante inesperado que interrumpe su servicio para el Señor, puede en realidad ser causa de un servicio aún mayor del que está haciendo en ese momento. El accidente con todo su sufrimiento, inconveniente y gastos, puede brindarle una oportunidad de tratar con gente que habían sido preparados por el Espíritu Santo para recibir el evangelio. En todas estas circunstancias el Señor desea que reaccionemos inmediatamente con calma en vez de impaciencia, con quebrantamiento en vez de rebeldía. Estos son unos pocos ejemplos sobre el significado del quebrantamiento. La lista es orientadora pero ciertamente incompleta. Si caminamos en compañía del Señor, El nos mostrará aspectos de nuestra vida particular donde es necesario un quebrantamiento al pie de la cruz; y con cada una de estas revelaciones, nos dará también la gracia necesaria para enmendarnos. "Porque Dios es El que en vosotros produce así el querer como el hacer, por su buena voluntad" (Fil. 2:13).

LO QUE EL QUEBRANTAMIENTO NO SIGNIFICA

Habiendo escudriñado algunos de los aspectos del quebrantamiento, debemos exponer brevemente lo que no significa. No significa la pérdida de personalidad y el ablandamiento como una especie de gelatina. Tampoco es transfor-marse en una persona débil e insignificante, de escasa influencia en el medio que lo rodea. Lo cierto es todo lo contrario. El quebrantamiento es uno de los más destacados elementos de un carácter fuerte. No es necesario tener disciplina para vivir sin cambiar, pero ¡qué autocontrol se requiere para ser semejante a Cristo, cuando cada instinto natural se rebela contra ello!

La gente quebrantada es la que tiene el carácter más persuasivo. Ejercen una influencia silenciosa por la fuerza irresistible de su ejemplo celestial. Esta es una paradoja, pero existe: "Tu benignidad me ha engrandecido" (Sal. 18:15).

Son capaces de airarse cuando la oportunidad lo demanda. Lo vemos en la vida del Maestro. Él echó los cambistas de monedas del Templo, con un látigo de cuerdas pero lo más importante de destacar es que su ira estalló, no a causa de algún daño que le infirieran a Él, sino porque la casa de su Padre había sido deshonrada. Como ha sido dicho: "El fue un león en la causa de Dios, pero un Cordero en la suya propia".

Muchos de los mártires y reformadores fueron verdaderamente quebrantados, pero sería muy difícil afirmar que fueron débiles o carentes de influencia.

LA BRECHA GENERACIONAL

Una de las áreas más difíciles para el ejercicio del quebrantamiento parece estar en las relaciones entre padres e hijos. Por un ridículo capricho de la naturaleza humana caída, parecemos menos cariñosos con los que viven más cerca de nosotros. Muchas chicas libran una constante batalla contra ellas mismas a causa de la hostilidad que sienten contra sus madres, así como muchos jóvenes creyentes son apenas educados con sus padres.

Nadie niega la existencia de una brecha generacional, y en realidad ésta puede ser un enorme abismo. La gente joven se queja de que sus padres no los entienden, que son dominantes, que están "fuera de onda" y que pertenecen al orden establecido. A pesar de ello muchos jóvenes sienten culpabilidad y vergüenza al no poder superar estas actitudes y comportarse como cristianos con relación a sus padres. Se dan cuenta de la enorme contradicción que existe entre sus actitudes cariñosas hacia sus iguales y aún hacia otros adultos y su constante frialdad en casa. Se aborrecen a sí mismos por desear inclusive la muerte de sus padres, pero quebrantarse y confesarlo es una píldora difícil de tragar.

No fue por casualidad que cuando Dios entregó las diez leyes básicas a la nación de Israel, una de ellas se relacionaba con esta delicada y dificultosa área de las relaciones humanas:

"Honra a tu padre y a tu madre, para que tus días se alarguen en la tierra que el Señor tu Dios te da" (Éx. 20:12).

Pablo repite este mandamiento en el Nuevo Testamento:

"Hijos, obedeced en el Señor a vuestros padres, porque esto es justo. Honra a tu padre y a tu madre, que es el primer mandamiento con promesa; para que te vaya bien y seas de larga vida sobre la tierra" (Ef. 6:1-3).

Honrar y obedecer a nuestros padres no es solamente hacer lo que ellos digan, sino también respetarlos, ser cariñosos y cuidar de ellos cada vez que sea necesario. Pablo usa de cuatro razones: "es justo... es para el bien de los jóvenes...es bíblico...es fuente de una vida plena".

Pero muchos jóvenes están casi convencidos que mientras es posible en otros casos, es simplemente imposible en el suyo propio. Sus padres son demasiado intolerantes, demasiado perfeccionistas. Todo lo que se necesita por supuesto es un verdadero quebrantamiento. Ello significaría ir al padre, la madre o ambos, y decir: "Miren, lamento haber sido tan desconsiderado en mis relaciones con ustedes. Nunca les he agradecido por todo lo que han hecho por mí, pero quiero hacerlo ahora. Quiero que me perdonen por la manera en que he levantado murallas de resistencia entre nosotros. Con la ayuda de Dios quiere que las cosas sean diferentes en el futuro. Una ilustración permanente sobre como cruzar la brecha generacional es la historia del hijo pródigo. Al principio el ingrato no pudo esperar la muerte de su padre, quería la herencia de inmediato. Así que obtuvo la misma y se fue para disfrutarla. Entonces vinieron las fiestas nocturnas, las bebidas, las juergas, las orgías sexuales y todo lo demás. Pero finalmente el dinero se acabó y también los amigos. El resto de su vida se redujo a una subsistencia miserable. Comenzó a pensar en los sirvientes que, en la casa de su padre, vivían tanto mejor que él. ¡Qué necio había sido! Había dejado su casa lleno y regresaba vacío. Había salido reclamando justicia y regresaba pidiendo clemencia. Había salido con la cabeza alta, mas ahora regresaba al hogar arrastrándose y quebrantado.

"Padre," le dijo: " he pecado contra Dios y contra ti, no merezco ser llamado tu hijo". Él había planeado decir mas, rogar por un trabajo como sirviente pero ya el padre estaba dando ordenes a todo el personal de la casa. Luego de un corto plazo el hijo estaba de nuevo vestido, tenía un hermoso anillo en su dedo, un nuevo par de zapatos y estaba sentado ante una abundante cena de ternero asado con todos sus complementos.

La barrera había sido cruzada por medio del quebrantamiento. Este hijo nunca hubiera conocido el beso del padre, si no hubiese sido quebrantado previamente en arrepentimiento y confesión.

Nada ayudará tanto a corregir las actitudes hostiles de una persona como la humillación de tener que pedir disculpas por ellas. La próxima vez que se sienta tentado de mostrar actitudes no cariñosas hacia sus padres, rápidamente recordará la quemante vergüenza de tener que humillarse, y esto actuará como un poderoso freno.

LA BRECHA MATRIMONIAL

Tal vez la segunda área de máxima dificultad, donde debe manifestarse el real quebrantamiento sea la de las relaciones entre marido y mujer. Nuevamente es un asunto de actuar desconsideradamente hacia aquellos que están cerca nuestro, mientras mostramos amabilidad y cortesía con aquellos que apenas conocemos. Muy a menudo tenemos que confesar que somos demonios en casa y santos afuera. La Biblia es realista al anticipar la posibilidad de tensiones en las relaciones matrimoniales. Pensamos particularmente en Colosenses 3:19, "Maridos, amad a vuestras mujeres y no seáis ásperos con ellas". La amargura que puede crecer en un esposo en contra de su mujer es, a menudo, tan profunda que se pierden las esperanzas de algún día poder superarlas.

Muy a menudo el esposo simplemente renuncia y pretende librarse mediante la separación o el divorcio. Tenemos el caso de Juan y María.

Cuando se conocieron, ambos supieron que eran el uno para el otro. En los meses siguientes estuvieron juntos en cuanta oportunidad posible. Al cabo de seis meses estaban comprometidos, y establecieron la fecha de la boda para seis meses después. Las cosas cambiaron de rumbo y tuvieron que casarse cuatro meses después del compromiso. La boda se realizó y cada uno hizo bastante bien su parte en esta pequeña comedia. Durante el primer año las cosas fueron agradablemente armoniosas. Entonces surgió una violenta discusión y ella soltó toda su reprimida falta de aprecio por Juan por lo que había pasado antes del matrimonio. Él le respondió con la misma moneda y ¡las paredes temblaron y ardió Troya! Después de esto pareció que el matrimonio estaba desesperadamente arruinado. Juan encontró que la amargura que sentía en contra de su esposa era "mayor que el amor con que la había amado" (2 S. 13:15). Algunos amigos sugirieron que vieran a un consejero cristiano respecto a su caso, y lo hicieron. Pero en el fondo ellos estaban tan duros e inflexibles como las torres de un castillo. Por último Juan solicitó el divorcio, pero antes que el caso entrara a la corte, un amigo creyente lo desafió a ensayar el camino del quebrantamiento. La esposa de este amigo se encontró con María al mismo tiempo, y con el mismo mensaje: "¿Por qué no quebrantarse ante el Señor y cada uno ante el otro? ¿Por qué no poner el pasado bajo la sangre de Jesucristo y hacer un nuevo comienzo?" Y ellos lo hicieron. Fue la cosa más dura que cada uno de ellos había hecho jamás, pero se reconciliaron e hicieron una completa confesión. No hubo barreras o autojustificaciones. Fue la confesión más honesta que uno pudiera desear. Los dos reclamaron la promesa de Dios de que habrían sido perdonados (1 Jn. 1:9). Gustosamente se perdonaron entre sí todas las cosas. Cuando se levantaron de sus rodillas, un enorme peso había sido quitado. Entendían que aún debería haber un período de ajuste, pero los principales nubarrones de amargura y contiendas habían desaparecido.

Se dieron cuenta de la necesidad de un continuo quebrantamiento cada vez que futuros problemas pudieran surgir en el hogar.

¡Cuántas personas gastan tiempo y dinero en psiquiatras y consejeros matrimoniales, pero no ensayan el camino del quebrantamiento. Realmente sin él las demás cosas son poco efectivas.

DIOS QUIERE QUE TODOS SEAMOS QUEBRANTADOS

No es solamente en las relaciones entre padres e hijos o entre esposos y esposas, sino en todas las áreas de nuestra vida donde el Señor quiere que estemos quebrantados. El luchará con nosotros, como luchó con Jacob en Peniel. El tratará de quebrantar nuestro orgullo, nuestra autosuficiencia, el espíritu rencoroso de caprichos y testarudez, librarnos de la lengua chismosa, de calumnias, de mundanalidad, de impureza, de mal genio y de cualquier otra obra carnal. El quiere cambiar nuestro nombre de Jacob a Israel, de tramposo a príncipe, de débil pícaro a uno poderoso ante Dios y los hombres. El luchará con nosotros hasta que el día amanezca y "ponga nuestra cadera fuera de su articulación". Entonces iremos a través del resto de la vida con la renguera de un hombre quebrantado a quien Dios puede utilizar.

Dios quiere que seamos irreprensibles. Ninguno de nosotros está sin pecado, pero todos podemos ser irreprensibles. Una persona irreprensible es aquella que cuando ha hecho algo mal, se apresura por corregirse. No deja que el sol se ponga sobre su enojo. Por la confesión y disculpándose, mantiene las líneas de comunicación abiertas para con Dios y sus semejantes. Un anciano de la iglesia local tiene que ser irreprensible (1 Ti. 3:2), pero todo creyente debe serlo.

PENSANDO EN LOS RESULTADOS

Pensemos en lo que podría significar para nuestras vidas particulares, en la Iglesia y en el mundo de los negocios, si todos estuviésemos quebrantados como deberíamos estarlo En nuestras propias vidas podría significar un mayor poder, alegría y mejor salud. Los hombres que tienen mayor impacto espiritual sobre otros son aquellos que cargan el yugo junto con Cristo, con mansedumbre y humildad. Ellos son los que encuentran plenitud y descanso sirviéndole a El y lo que es bueno para nuestro espíritu lo es también para nuestra salud física.

La revista Médica Británica una vez escribió:

"No hay tejido en el cuerpo totalmente separado del espíritu". El Dr. Paul Tournier nos cuenta de una paciente que había tenido anemia durante meses. Entonces la enfermedad desapareció misteriosamente y su sangre fue nuevamente normal. Las investigaciones mostraron que había tenido una crisis espiritual; a saber, que había perdonado una prolongada envidia. Efectivamente el quebrantamiento es bueno para la salud".

Pensemos en una casa donde sus miembros mantienen claras relaciones entre sí. Por supuesto habrá disensiones y diferencia de vez en cuando, pero no estarán autorizados a levantarse como leche hervida. La familia ha aprendido el arte santo de besarse y reconstruir. Esta es la clase de hogar donde Jesús ama estar. En la asamblea local el quebrantamiento es el camino del avivamiento. Es una ley fija en el reino espiritual, que el arrepentimiento y sus lágrimas son el preludio de las lluvias de bendición. Generalmente tratamos cualquier otra cosa primero, nuevas campañas, nuevos métodos, etc., pero Dios está esperando arrepentimiento y humillación. Cuando nos arrepentimos, las bendiciones vendrán. "Si se humillare mí pueblo, sobre el cual es invocado mi nombre, y oraren, y buscaron mi rostro y se convirtieren de sus malos caminos; entonces yo oiré desde los cielos y perdonaré sus pecados y sanaré su tierra" (2 Cr. 7:14)

Pensemos en el impacto que estos creyentes podrían tener en el mundo de afuera mostrando el quebrantamiento. Los hombres del mundo no están quebrantados y les gusta enfrentar su fuerza contra otros que son como ellos, pero se sienten confundidos cuando chocan con alguien que no reacciona airadamente, que admite sus errores y pide disculpas y que muestra la gracia del Señor Jesús. Esta es la manera sobrenatural de ser, que habla fuertemente de Cristo, en el áspero y confuso mundo del comercio actual.

¡QUEBRÁNTAME SEÑOR!

Algunos años atrás, en una reunión de oración misionera, escuché a un joven ferviente orar así: "¡Quebrántame, Señor!" El pedido me sacudió. Hasta ese momento en mi vida nunca había hecho esa oración y no estaba seguro de estar listo para hacerlo aún entonces. Pero aquellas palabras fluyeron como un silbo cálido del corazón de

aquel joven discípulo, despertándome a la tremenda necesidad del quebrantamiento en mi propia vida. Ellas crearon conciencia sobre esta
área fantásticamente vital en el reino espiritual, y ahora ellas se han
hecho la constante oración de mí ansioso corazón.

NOTAS: EL VERDADERO DISCIPULADO

LAS CONDICIONES DEL DISCIPULADO
[1] H. A. Evan Hopkins, *Henceforth*, Chicago: IVF, 1954, pág. 20.

RENUNCIANDO A TODO
[2] "Men of His Right Hand," ("Hombres de Su Mano Derecha"), *Witness Magazine*, January, 1961.

[3] A. N. Groves, *Christian Devotedness* (Devoción Cristiana), Kansas City: Walterick Publishers, 1975.

[4] Norman Grubb, *C. T. Studd*, London: Lutterworth Press, 1957, pág. 64.

[5] Elisabeth Elliot, *Shadow of the Almighty*, New Cork: Harper & Brothers, 1958, pág. 246.

[6] Christian Devotedness, op. Cit., págs 26-27.

[7] G. H. Lang, *Anthony Norris Groves*, London: The Paternóster Press, 1949, pág. 54.

[8] Christian Devotedness, op. cit., pág. 35 nota al pie.

CELO
[9] Norman Grubb, *C. T. Studd*, London: Lutterworth Press, 1957, pág. 36.

[10] Elisabeth Elliot, *Shadow of the Almighty*, New Cork: Harper & Brothers, 1958, págs. 58-59.

[11] Citado por Billy Graham en el sermón: "Missions

Commitment" ("Devoción a las Obra Misionera"), Parte 1ª, dado en Urbana, Illinois en 1957.

[12] J.C. Ryle, *Practical Religión* ("Religión Práctica), London: James Clarke & Co. Ltd., 1959, pág. 130.

FE

[13] C. H. Mackintosh, *Genesis to Deuteronomy*, Neptune, NJ: Loizeaux Brothers, 1972, pág. 498.

[14] C. H. Mackintosh, *The Mackintosh Treasury*, Neptuno, NJ: Loizeaux Brothers, 1976.

EL DOMINIO MUNDIAL

[15] C. H. Spurgeon, citado en la revista *The Prairie Overcomer*, Three Hills, Alberta: Prairie Bible Institute, marzo 1957, pág. 81.

EL DISCIPULADO Y EL MATRIMONIO

[16] Gordon Arnold Lonsdale, revista *TIME* Magazine, 17 feb., 1961.

[17] Wesley L. Gustafson, *Called But Not Going*, ("Llamado, Pero No Va"), Chicago, IVCF Press, pág. 10.

[18] Cable and French, *Ambassadors for Christ*, "Embajadores de Cristo", Chicago, Moody Press, sin fecha.

LA SOMBRA DEL MARTIRIO

[19] Elisabeth Elliot, *Shadow of the Almighty*, New Cork: Harper & Brothers, 1958, pág. 240.

EL
VERDADERO
DISCIPULADO

GUÍA DE ESTUDIOS

PREFACIO

Esta guía de estudios tiene doce lecciones diseñadas para usar con las tres secciones de este libro: Verdadero Discipulado, ¿Dónde Está Tu Tesoro? y ¡Quebrántame Señor! El propósito es ayudar al creyente a explorar por sí mismo algunos de los principios del discipulado contenidos en el Nuevo Testamento. El libro de MacDonald sirve como comentario que el estudiante usa para suplementar su propio estudio personal de las Escrituras.

Estos estudios pueden ser utilizados provechosamente de tres maneras.

1. Estudio personal. Para cada lección el estudiante debe cumplir sus estudios según las direcciones. En cada lección se le indicará cuándo y dónde leer en el libro de MacDonald. El tiempo para cada lección es aproximadamente una hora.

2. Discipulado personal. Los que están involucrados en la obra de ayudar a otros a crecer en la fe pueden asignar estos estudios a sus discípulos, y luego repasar juntos cada lección para ver y matizar los principios que han sido aprendidos.

3. Grupos de estudios bíblicos. Estos estudios también son adecuados para una clase de doce o trece semanas. Cada alumno deber cumplir la lección asignada antes de la reunión para que puedan venir preparado para conversar acerca de lo que ha aprendido. Sesiones de una hora de duración son suficientes, y si el tiempo de intercambio se limita a treinta minutos, por ejemplo, entonces el instructor puede emple-

ar la otra media hora para exponer ciertos aspectos de la lección, o el grupo podría usar el tiempo para orar juntos e interceder los unos por los otros, por la iglesia, por los inconversos, etc. Se podría asignar lecturas suplementales de otros libros sobre el discipulado, con el compromiso de preparar y presentar un informe sobre el material leído.

CONTENIDO

Lección Una

LAS CONDICIONES DEL DISCIPULADO

1. ¿Qué quería decir Jesucristo en Su declaración de Lucas 14:26? ¿Por qué es imposible ser Su discípulo sin cumplir esta condición?

2. Mateo 16:24 da tres requisitos para aquel que desea ser discípulo de Jesucristo. Identifica y da una definición breve de cada uno. Después, cita ejemplos específicos de cómo un creyente podría violar cada requisito.

3. ¿Qué características de un discípulo da el Señor en Juan 13:35? En tu opinión, ¿cómo demuestra esto que somos Sus discípulos?

4. Explica la importancia de las Escrituras en la vida del verdadero discípulo (Jn. 8:31). ¿Qué actitud tendrá hacia la Palabra de Dios?

5. Según Lucas 14:33, ¿qué debe hacer un discípulo del Señor Jesús? Si hicieras esto, como cambiaría específicamente tu vida? ¿Cuáles son los beneficios de obedecer al Señor en esta área?

❧ Lee "Las Condiciones del Discipulado" antes de contestar las preguntas 6 y 7.

6. Lee las siguientes oraciones y apunta al lado de cada una si estás de acuerdo o no, y da tus razones.

• "El cristianismo verdadero es un compromiso total con el Señor Jesucristo".

• "Nada menos que rendición incondicional podría ser una respuesta adecuada a Su sacrificio en el Calvario".

• "...tenemos el derecho a disfrutar lo mejor que esta vida tiene que ofrecer".

7. Apunta las siete condiciones del discipulado aludidas en las preguntas 1-5. ¿Cuál de ellas es la más difícil de aceptar para ti? A la luz de las demandas de Cristo sobre ti, ¿ de ahora en adelante cómo intentarás ser un discípulo verdadero?

Lección Dos

RENUNCIANDO A TODO

1. ¿Cuáles son las condiciones del discipulado que el Señor eluci-da en Lucas 14:33? ¿Qué significan Sus palabras?

2. Estudia Mateo 6:19-21 y Lucas 12:33-34. ¿Qué manda el Señor a todos Sus discípulos? Describe el contraste entre los dos lugares donde podemos hacer tesoros. ¿Cuál es la relación entre el lugar donde están nuestros tesoros y nuestra devoción a Dios?

3. ¿Cómo obedecieron los mandamientos del Señor los creyentes en la iglesia primitiva? (ver Hch. 2:44-45)

✎ Antes de responder a las preguntas 4 y 5, lee el capítulo dos: "Renunciando a Todo".

4. Considera cada uno de los siguientes argumentos contra la inter-pretación literal de las palabras del Señor. Refuta con tus propias pala-bras cada argumento y cita escrituras que apoyan tus razones.

• "Si renunciáramos todo, moriríamos de hambre".

• "Tenemos que proveer para las necesidades futuras de nuestras familias".

• "Si todos los creyentes renunciaran a todo, entonces ¿quién apoyaría económicamente la obra del Señor?"

• "Si no hubiera cristianos ricos, entonces ¿quién alcanzaría a la clase alta con el evangelio?

5. Estudia las cuatro características (apuntadas en el libro) del hombre que lo renuncia todo. ¿Hasta qué punto es tu propia vida representada por cada uno de estas características?

6. ¿A ti qué significa "renunciar a todo" para seguir a Cristo. Explica tu respuesta en términos personales y prácticos.

7. Si tomaras literalmente las palabras de Jesucristo en Lucas 14:33, ¿cómo impactaría cada una de las siguientes áreas de tu vida? (sé específico)

• Tu trabajo/formación
• Tu vida de familia
• Tu iglesia
• El mundo

Lección Tres
IMPEDIMENTOS AL DISCIPULADO

1. Estudia Lucas 9:57-62 e identifica a los tres discípulos en perspectiva. ¿Qué ofrece hacer el primero de ellos? (v. 57) ¿Cómo responde el Señor? (v. 58) En tu opinión, ¿por qué responde el Señor de esta manera?

2. ¿Que manda el Señor al segundo hombre? (v. 59) Entonces, ¿qué petición hace aquel hombre? ¿Qué quiere decir Jesús con lo de "Deja a los muertos que entierren a sus muertos"? ¿Qué dice que debe tener prioridad?

3. ¿Qué condición impone el tercer hombre sobre el seguir a Jesús? (v. 61) ¿Dónde está el error en su petición? ¿Qué es lo que le hace a uno "no apto" para el reino de Dios?

4. ¿En qué se parecen estos tres hombres? ¿En qué sentido son distintos? Los últimos dos hombres emplearon las mismas palabras: "Señor, déjame primero". ¿Que indica esto acerca de ellos? ¿Cómo son de contradictorias sus palabras?

5. Lee "Impedimentos al Discipulado" (pág. 23). Identifica los apodos dados a los tres hombres. Describe cómo le corresponde a cada uno su apodo.

6. Apunta los tres impedimentos principales al verdadero discipulado que estos hombres ilustran. Da ejemplos específicos de cómo dichos impedimentos podrían influir en tu propia vida.

7. ¿Qué hay entre tú y la devoción completa al Señor Jesucristo? ¿Qué pasos tomarás para quitar estos impedimentos?

Lección Cuatro
LOS DISCÍPULOS SON MAYORDOMOS

Estudia cuidadosamente Lucas 16:1-13 antes de contestar las siguientes preguntas.

1. ¿A quién habla el Señor Jesucristo? Usando tus propias palabras, resume la parábola que Él cuenta (vv. 1-8a).

2. ¿Qué es lo que motivó los hechos del mayordomo malo? (vv. 3-4) En tu opinión, ¿por qué pensó el amo que mayordomo había actuado sabiamente? (v. 8ª)

3. Considera la declaración de nuestro Señor en el versículo 8b. ¿Quiénes son los "hijos de este siglo" y los "hijos de luz"? Describe el contraste entre sus perspectivas acerca del futuro. ¿Por qué dijo el Señor que los hijos de este siglo son más sagaces que los hijos de luz?

4. Apunta algunas de las maneras en las que hoy en día la gente prepara para su futuro. Según el Señor, ¿cómo debería un discípulo preparar para su futuro? (v. 9) ¿Qué son las "riquezas injustas"? ¿Cómo puedes usarlas para "ganarte amigos"? Sé específico en tu respuesta.

5. ¿En qué sentido es nuestro uso de las posesiones una prueba de

nuestro carácter? (v. 10) En términos prácticos, ¿qué tiene que hacer un cristiano para ser "fiel" en lo muy poco? Y por contrapartida, ¿qué sería un comportamiento "injusto" en lo muy poco?

6. ¿Qué son las "riquezas verdaderas"? (v. 11) ¿Cuál es la condición que hay que cumplir para que se nos confíen estas riquezas? ¿Qué piensas que realmente le pertenece a un cristiano? (v.12) Y para recibirlo, ¿qué es necesario? ¿Qué principio de servicio da el Señor en el versículo 13? ¿Cómo está relacionado esto con la mayordomía?

✎ Lee "Los Discípulos Son Mayordomos" (pág. 29) y apunta cualquier otra observación que tienes acerca de las preguntas anteriores.

7. Basándote en este estudio, explica porqué un discípulo de Cristo es un mayordomo, y cómo debe ejercer esta mayordomía. ¿Qué cambios necesitas hacer en tu forma de administrar los intereses de Dios en este mundo? ¿Cuáles serán los resultados espirituales y eternos?

Lección Cinco
EL CELO Y LA FE

1. Busca la palabra "celo" en el diccionario y escribe una definición breve con tus propias palabras. En tu opinión, ¿cómo debe aplicarse esta palabra a un discípulo del Señor Jesucristo?

2. ¿Cómo manifestó celo la vida terrenal del Señor Jesucristo? (Lc. 12:50; Jn. 2:17; 9:4).

3. Lee el capítulo titulado "El Celo Que Produce Llamas" (pág. 35), y después, explica cada una de las siguientes afirmaciones:

• "Un hombre celoso en religión es principalmente un hombre de un solo tema".

• "La desgracia de la iglesia en los siglos XX y XXI es que el celo era más evidente entre los comunistas y los de las sectas que entre los creyentes".

• "Si el Señor Jesucristo merece algo, se merece todo".

4. Lee el capítulo "Creciendo En La Fe" (pág. 41) y luego identifica al menos cinco principios claves que pertenecen a una vida de fe.

5. En términos prácticos, explica el contraste entre el andar "por la fe" y el andar "por la vista" (2 Co. 5:7).

6. ¿Cómo puede un discípulo aumentar su fe?

7. ¿Qué cosas hay en tu vida que hace disminuir tu celo por Cristo? ¿Qué ajustes positivos necesitarías hacer para aumentar tu celo? ¿Hasta qué punto puedes decir que andas por fe y no por vista? ¿Qué cambios tendrías que hacer para andar más por fe?

Lección Seis
LA ORACIÓN

✎ Lee el capítulo "El Discípulo y la Oración" (pág. 47), estudia cuidadosamente los principios de la oración, y luego contesta las siguientes preguntas con tus propias palabras.

1. ¿Por qué se dice que la mejor oración viene de un fuerte sentido interior de necesidad? Apunta algunas razones por las que nuestra vida de oración tiende a ser superficial.

2. ¿Qué significa la expresión: acercarse "con corazón sincero"? (He. 10:22) ¿Cuáles son algunas formas de ser hipócrita a la hora de orar?

3. Explica en qué sentido la oración puede sernos costosa. ¿Por qué crees que Dios honra esta clase de oración? ¿Qué relación hay entre el ayuno y la oración?

4. ¿Cómo podría usarse incorrectamente la oración? (Stg. 4:3) ¿Cuál debería ser la preocupación principal en la oración? ¿Cómo podemos honrar a Dios por medio de la oración?

5. Explica qué significa orar "en el nombre de Jesús".

6. En la oración, ¿cuál es la importancia de cada una de estas frases?

• "tener las cuentas claras con Dios"

• "permanecer en Cristo"

• "orar específicamente"

7. Escribe un párrafo que describa el lugar de la oración en tu vida como discípulo de Cristo. De los principios de la oración nombrados en El Verdadero Discipulado, ¿cuál es el que menos cumples? ¿Qué medidas tomarás para ser más eficaz en la oración?

Lección Siete
LA GUERRA ESPIRITUAL

1. ¿En qué clase de conflicto están involucrados los discípulos del Señor Jesús? (Ef. 6:11-12). ¿Qué estrategia emplea el enemigo? (2 Co. 11:14-15) En tu opinión, ¿por qué es importante conocer al enemigo y su estrategia?

2. ¿Cuáles son las armas de la milicia cristiana? (Ef. 6:13-20) Describe la eficacia de estas armas (2 Co. 10:3-5). ¿Cómo estás comprobando su eficacia en tu vida cotidiana?

3. Estudia 2 Timoteo 2:3-4. ¿Qué es lo que Pablo exhorta a Timoteo a hacer? (v. 3) ¿Qué es lo que caracteriza a un soldado en servicio activo? (v. 4) Apunta las formas en las que el cristiano soldado puede enredarse. ¿Cuál de estas te da más problemas?

4. ¿Qué problemas surgen en un ejército si los soldados no tienen unidad? ¿Por qué es la falta de unidad un problema serio en la milicia cristiana? Lee Filipenses 2 e identifica los principios claves para lograr la unidad. Da ejemplos de cómo podrías aplicarlos.

5. ¿Por qué es necesario vivir sacrificialmente en tiempo de guerra? ¿Por qué es igualmente importante en la milicia cristiana? ¿Cuáles son los sacrificios que el soldado cristiano debe hacer?

6. Lee el capítulo titulado "La Guerra Espiritual" (pág. 53) y apunta cualquier observación adicional que tengas sobre las primeras cinco preguntas de esta lección. Identifica las ocho demandas de la guerra y escribe una oración resumiendo por qué cada cual es una demanda en la milicia cristiana.

7. ¿Qué prácticas en tu vida indican que tomas en serio la milicia cristiana? ¿Cuál es tu estrategia para llegar a ser más eficaz como soldado de Jesucristo?

Lección Ocho
EL DOMINIO MUNDIAL

1. Estudia Mateo 28:18-20, Marcos 16:15 y 2 Corintios 5:18-20. En qué sentido llama Cristo a Sus discípulos al dominio del mundo?

2. Para alcanzar al mundo para Cristo, ¿cuál tiene que ser la motivación? (Mt. 22:37, 39; 1 Co. 13:1-2; 2 Co. 5:14-15) ¿Por qué es esta motivación la única que es adecuada? ¿Cómo manifestó el apóstol Pablo esta motivación? (Hch. 20:24; 2 Co. 12:15)

3. ¿Qué método emplearon los primeros discípulos para alcanzar al mundo con el evangelio? (Mr. 16:15, 20; Hch. 8:4) ¿Dónde esperarías encontrarles proclamando el evangelio?

4. ¿Cuál es otro método de proclamar la fe cristiana? (Mr. 3:14; 2 Ti. 2:2) En tu opinión, ¿por qué es este método tan importante como la predicación pública del evangelio?

\ Lee el capítulo titulado "El Dominio Del Mundo" (pág. 59) antes de responder a las preguntas 5 y 6.

5. Explica las siguientes afirmaciones:

- "No fue su intención que naciéramos hombres y muriéramos almaceneros".

- "El llamamiento del cristiano es el más noble".

6. Identifica los seis principios básicos citados en El Verdadero Discipulado que los discípulos siguen al salir para proclamar a Cristo al mundo.

7. Dios nos ha llamado al dominio del mundo. ¿Cuál es tu respuesta? Escribe un párrafo explicando cómo este llamamiento afecta tu vida en la práctica. ¿En qué sentido y de qué modo estás involucrado en los dos métodos principales de alcanzar al mundo con el evangelio?

Lección Nueve

EL DISCIPULADO Y EL MATRIMONIO

1. ¿Por qué instituyó Dios el matrimonio para los seres humanos?
   _ Génesis 1:28
   _ Génesis 2:18
   _ 1 Corintios 7:2

2. ¿Qué opina Dios del matrimonio?
   _ Proverbios 18:22
   _ Hebreos 13:4

Considera Eclesiastés 4:9-12. ¿Qué beneficios puede el matrimonio traer a un discípulo en sus labores por el Señor? Basándote en el material estudiado hasta ahora, escribe un párrafo explicando porqué el matrimonio no es incompatible con una vida de pureza, devoción y servicio para Cristo.

3. Estudia Mateo 19:10-12. Identifica las tres situaciones cuando una persona podría prescindir del matrimonio. ¿Qué significa ser "eunuco por causa del reino de los cielos"? (v. 12)

✎ Lee cuidadosamente 1 Corintios 7 antes de contestar las preguntas 4-7.

159

4. El apóstol Pablo expresa su deseo de que los solteros quedasen como él, esto es, sin casarse (1 Co. 7:7a-8). Apunta todas las razones que él da a favor del celibato en 1 Corintios 7:26-35. ¿Está Pablo diciendo a los santos que están fuera de la voluntad de Dios si se casan? Explica tu respuesta.

5. ¿Qué es lo que determina si un creyente debe quedarse soltero? (1 Co. 7:7b; Mt. 19:12) ¿Cómo puede alguien saber si debe quedarse sin casar? (1 Co. 7:9)

6. ¿Cómo deben vivir los cristianos que están casados? (1 Co. 7:29-31) En términos prácticos, ¿qué significa esto?

✎ Lee el capítulo "El Discipulado y El Matrimonio" (pág. 67). Apunta cualquier observación adicional que tienes sobre las preguntas 1-6.

7. ¿En qué sentido podría el matrimonio ser un enemigo cruel del propósito de Dios para tu vida?

• para los solteros: ¿Cuáles son los principios claves que te guiarán a determinar si Dios te llama a una vida casada o una célibe?

• para los casados: ¿Qué cambios hacen falta en tu vida familiar para conseguir una mayor devoción a Cristo y a Su causa?

Lección Diez

CONSIDERANDO EL COSTO
Y LAS RECOMPENSAS

✎ Lee cuidadosamente Lucas 14:25-35, y entonces responde a las preguntas 1-4.

1. ¿Qué demanda el Señor Jesús de todo aquel que sería Su discípulo?

• versículo 26

• versículo 27

2. Identifica las dos parábolas que el Señor Jesús usa en los versículos 28-31, y resume lo que dice cada una. Después de esto, apunta el aspecto de la vida cristiana que cada parábola ilustra, y finalmente, resume la lección espiritual que enseña. Puedes usar la siguiente tabla para organizarte:

	Resumen	Semejanza a la vida cristiana	Lección
vv. 28-30			
vv. 31-32			

¿En qué sentido ilustran estas parábolas las demandas de los versículos 26-27?

161

3. ¿Cómo es el versículo 33 una aplicación de todo lo que el Señor ha dicho en los versículos 26-32?

4. Considera los versículos 34-35. ¿A qué se refiere la palabra "sal" en sentido figurado? ¿Qué es lo que el Señor Jesús realmente está diciendo acerca del discipulado al emplear la figura de la sal? ¿En qué sentido podría un cristiano perder su "sabor"?

5. Estudia Juan 12:23-26. ¿Qué principio fundamental ilustra el Señor Jesús con el trigo? (v. 24) ¿Cómo se aplicó este principio al Señor Jesús? ¿Como debería aplicarse a Sus discípulos? ¿Cuál será la recompensa?

6. Lee "A la Sombra del Martirio" y "La Recompensa" (págs.75 y 79) en El Verdadero Discipulado. Entonces, a cada una de las siguientes afirmaciones apunta si estás de acuerdo o no, y da tus razones:

• "Cuando uno está verdaderamente comprometido con Jesucristo, parece que no le es importante si vive o muere".

• No se les requiere a todos poner su vida como mártires...pero cada uno de nosotros puede tener el espíritu de los mártires, el celo de los mártires y la devoción de los mártires".

• "...la vida del verdadero discipulado es la más espiritualmente satisfaciente en el mundo".

7. ¿Cómo te ha retado personalmente el Señor Jesucristo a considerar el costo de ser Su discípulo? Apunta los obstáculos en tu vida que impiden una devoción completa a Cristo, y qué pasos llevas intención de cumplir para superar estos obstáculos.

162

Lección Once
¿DÓNDE ESTÁ TU TESORO?

1. Estudia Mateo 6:19-21. ¿Qué es lo que el Señor Jesús prohíbe a Sus discípulos en este texto? Explica el significado del versículo 21, en términos prácticos.

2. ¿Que enseñan el ejemplo y la instrucción del apóstol Pablo acerca de la diligencia en el negocio? (Hch. 18:1-3; 2 Ts. 3:8, 10) Considera esta afirmación: "Un creyente tiene permiso a ganar tanto dinero como pueda". ¿Bajo qué condiciones es verdad esto?

- Proverbios 13:11
- Proverbios 22:16
- Salmo 62:10

- Mateo 6:24
- Mateo 6:33
- 1 Timoteo 5:8

3. ¿Cuál es la voluntad de Dios acerca de nuestro uso de las riquezas?

- Mateo 6:19-21
- 1 Timoteo 6:6-8

- 1 Corintios 4:1-2
- 1 Timoteo 6:17-19

¿Por qué es incorrecto que un creyente guarde riquezas?

- Proverbios 3:27-28
- Malaquías 3:8
- 1 Juan 3:17

✎ Lee "¿Dónde Está Tu Tesoro" (pág. 83) y apunta cualquier observación adicional que tengas sobre las preguntas 1-3.

4. En la sección titulada "El Caso De Los Bienes Congelados" (pág. 99) se dan nueve argumentos que se emplean para justificar el hecho de guardar las riquezas. Selecciona uno de los nueve, resume lo que dice, y luego responde a ese argumento empleando tus propias palabras.

5. Identifica algunos de los peligros de las riquezas en los siguientes textos:

- Proverbios 28:20, 22
- Mateo 6:24
- Mateo 19:23-26
- 1 Timoteo 6:9-10
- Santiago 1:10-11
- Santiago 5:1-6

6. Vuelve a leer las secciones tituladas: "Advertencia a los Perezosos" y "Advertencia contra el Juzgar a los demás" (págs. 112 y 113). Apunta cómo cada advertencia se aplica a ti personalmente.

7. ¿Cómo puedes hacer práctica esta lección en tu propia vida? Apunta algunos pasos prácticos que darás.

Lección Doce

¡QUEBRÁNTAME, SEÑOR!

1. Contraste la actitud de Dios hacia un hombre quebrantado con Su actitud hacia una persona orgullosa (Sal. 34:18; 51:17; 138:6; Isa. 57:15; Stg. 4:6).

2. ¿Por qué es la conversión una forma de quebrantamiento? Estudia Mateo 11:28-30. ¿Qué es un yugo? ¿Por qué son los yugos sólo para los quebrantados? ¿Qué significa lo que el Señor dice aquí?

3. ¿Cómo se manifestó el verdadero quebrantamiento en la vida de cada uno de los siguientes hombres?

- David (Sal. 32:3-5)
- Daniel (Dn. 9:3-19)
- Zaqueo (Lc. 19:1-10)
- El Señor Jesús (1 P. 2:23)

4. ¿Cuales son algunos de los elementos básicos del quebrantamiento que eluciden los siguientes versículos?

- Mateo 18:23-35; Efesios 4:32
- Romanos 12:17, 20-21

EL VERDADERO DISCIPULADO

• Filipenses 2:3; Romanos 12:10
• Salmo 32:8-9

5. Lee "¡Quebrántame Señor!" (pág. 117) e identifica los diez componentes del quebrantamiento. ¿Cuáles de estos se ven en la vida de Cristo tal y como está descrita en Filipenses 2:6-8? Explica tu respuesta. Tu observación puede apuntarse en el siguiente formato:

Elemento del quebrantamiento	Cómo se ve en la vida de Cristo

6. ¿Cuáles de los elementos del quebrantamiento son para ti los más difíciles de exhibir en las siguientes áreas? Explica porqué.

• en el hogar
• en la iglesia
• en el trabajo

7. Identifica actitudes o hechos específicos en tu vida cotidiana que demuestra una falta de quebrantamiento. ¿Qué vas a hacer al respecto? Sé específico en tu respuesta.

Printed in the USA
CPSIA information can be obtained
at www.ICGtesting.com
JSHW012005190324
59504JS00008B/49